시리즈3 · 신명기

문답으로 기억되는

성경

김백문 지음

쿰란출판사

서문

이 책은 성도님들이 더 쉽고 재미있게 성경을 읽도록 하기 위하여 만들었습니다.

또 성경을 읽게 할 뿐 아니라 쉽게 이해하고 기억하도록 하기 위한 책입니다.

성경을 모르고 예수를 믿는 것은 소경이나 중풍병자의 삶과 같이 답답하고 슬프고 무력한 것입니다.

성경을 읽고 알고 이해하고 깨닫게 되면 삶이 보이고 열리게 됩니다. 그리고 비로소 내가 왜 사는지, 내가 왜 믿는지, 나를 주관하시는 분이 누구인지를 알게 됩니다.

이 책은 당신이 성경을 읽고 알고 기억하도록 도울 것입니다.

이 책은 성경 밖에 있던 당신을 성경 안으로 인도할 것입니다.

문답식 성경공부를 통하여 하나님의 사랑이 당신과 함께하시기를 기도합니다.

2014년 8월 1일

저자 김백문 목사

(다음 카페 Thebible)

* 이 책에 사용된 성경구절은 개역한글판을 사용하였음을 밝혀둡니다.

목차

• 문답으로 기억되는 성경 1회

신명기 1–2장

문1. 신명기는 모세가 헤스본에 거하는 아모리 왕 시혼과 아스다롯에 거하는 바산 왕 옥을 쳐 죽인 후 요단 강 동쪽 모압 땅 일대를 접수한 후 이제 요단을 건너 가나안 본토 정복을 눈앞에 두고 또 자신의 죽음이 선고된 입장에서 이스라엘 자손에게 마지막으로 하나님의 뜻을 전하는 말씀입니다. 그래서 신명기의 본 제목은 '말씀들' 이란 뜻을 가진 히브리어 '데바림' 입니다.

40년 광야 생활을 회고하면서 이제 이동 천막 생활을 접고 고정 주택 생활로 들어가는 새로운 생활양식, 노력 없이 거둬먹던 만나의 생활양식에서 농사지어 거둬들인 양식을 먹고 사는 새로운 생활양식을 바라보며 순종에 대한 축복과 불순종에 대한 저주 등 신명기 말씀은 교훈과 책망과 바르게 함과 의로 교육하기에 유익한 성경 말씀 그 자체입니다. 신약성경에는 신명기의 말씀을 80회 이상 끌어다 인용하고 있습니다. 이처럼 귀하고 중요한 말씀을 우리는 문답식 성경 공부를 통하여 배워기고자 합니다. 이 말씀은 이스라엘 지손들이 출애굽한 지 얼마 만에 어디에서 선포한 말씀입니까?

답: ① (1:3) ______________________

② 선포된 곳(1:1) : ______________________

문2. 시내(호렙) 산에서 세일 산을 지나 가데스 바네아까지는 도보로 며칠이 걸리는 거리인가요?

답: (1:2) ______________________

문3. "우리 하나님 여호와께서 시내(호렙) 산에서 우리에게 말씀하시기를 너희가 이 산에 거한 지 오래이니, 이제 너희는 이곳을 떠나 나 여호와가 너희 조상 아브라함과 이삭과 야곱과 그 후손들에게 주기로 약속한 가나안 땅을 차지하여라" 는 이 말씀은 모세가 이스라엘의 대표로 나온 12명에게 가나안 땅을 정탐하고 오라고 보낼 때 회고한 말입니다. 이 일은 몇 년 전, 어디에서 있었던 일을 말하는 것인가요?

답: ① ______________________

② (1:19) ______________________

문4. 모세는 이스라엘 자손들에게 "너희 하나님 여호와께서 이 땅을 너희 앞에 두셨은즉 너희 열조의 하나님 여호와께서 너희에게 말씀하신 대로 올라가서 그 땅을 차지하라. 조금도 두려워 말라. 주저 하지도 말라" 고 하였습니다. 그때 이스라엘 사람들이 모세 앞에 와서 무엇을 요구했습니까?

답: (1:22) ______________________

____

문5. 모세는 정탐한 자의 회보를 받은 후 그 땅으로 들어가겠다는 이스라엘 회중의 말을 좋게 여기고 허락하였습니다. 그곳을 정탐한 자들이 그 땅의 과실을 가지고 와서 회보하기를 우리의 하나님 여호와께서 우리에게 주시는 땅이 좋더라고 하였으나, 이스라엘 백성은 그곳으로 들어가기를 싫어하여 여호와의 명을 거역하며 원망하였습니다. 그들이 원망하며 말한 내용이 무엇이었는지, 두 가지로 나누어 써 보십시오.

답: ① (1:27) ______________________

____

② (1:28) ______________________

____

문6. 모세는 그들에게 "무서워 말라. 두려워 말라. 너희 앞에서 행하시는 너희 하나님 여호와께서 지난날에 행하심 같이 이제도 너희를 위하여 싸우실 것이며 사람이 자기 아들을 안음 같이 너희를 안으사 이곳까지 이르게 하셨으니 너희가 능이 이기고 그 땅을 차지하리라" 고 하였지만, 그들은 어떻게 반영하였습니까?

답: (1:32) ________________________________

문7. 하나님 여호와께서는 "너희 앞서 행하시며 장막 칠 곳을 찾으시고 밤에는 불로 낮에는 구름으로 너희의 행할 길을 지시하신 자니라" 하여도 그들이 믿지 아니하자 "이 악한 세대 사람들 중에는 내가 그들의 열조에게 주기로 맹세한 좋은 땅을 볼 자가 하나도 없으리라. 그러나 오직 그 두 사람만은 그 땅에 들어가서 그 땅을 기업으로 얻게 하리라" 하셨어요. 그 두 사람의 이름을 써 보십시오.

답: ① (1:36) ________________________________

② (1:38) ________________________________

문8. 모세는 그들에게 회정하여 홍해 길을 따라 광야로 들어가라 하였으나 그들은 "우리가 올라가서 싸우겠다" 며 경솔히 행동하였습니다. 그러자 모세가 "올라가지 말라, 싸우지도 말라. 하나님 여호와께서 너희 중에 계시지 아니하니 너희가 올라가면 대적에게 패할 것이라" 고 경고하였지만 그들은 듣지 않고 아모리 족속이 사는 산지로 올라갔습니다. 그때 무슨 일이 벌어졌나요?

답: (1:44-45) ________________________________

____

____

문9. 이스라엘 백성이 가데스 바네아에서 가나안 땅으로 들어가는 것은 40일 정도면 족한 것이데, 그들은 38년 동안 가데스 주변을 떠돌면서 광야에 있었습니다. 그때 여호와께서 "너희는 여기서 오랫동안 머물러 있었으니 이제 북쪽으로 나아가라" 고 하셨고 "너희가 세일에 거하는 너희 동족 에서의 후손들이 살고 있는 산간지대를 통과하게 될 것이다. 그들이 너희를 두려워하여도 너희는 조심하고 그들과 싸우지 말아라. 그들의 땅을 너희에게 한 치도 주지 않을 것이다. 나는 이미 세일 산 일대를 에서의 소유로 주었다" 라고 말씀하셨습니다. 그들은 에서의 후손들이 사는 세일을 조심스럽게 통과하였는데, 어느 지역을 통과하여 북쪽으로 올라갔습니까?

답: (2:8) ____

문10. 모압 길로 진행할 때에 여호와께서는 그들에게 "롯의 후손인 모압 사람을 괴롭히거나 그들에게 싸움을 걸지 말아라. 그 땅을 내가 네게 기업으로 주지 아니 하리니 이는 내가 롯 자손에게 그 땅을 기업으로 주었음이니라. 네가 또 모압 변경 아르를 지나게 될 것인데 그곳에 거하는 암몬 족속 가까이 이르거든 그들을 괴롭게 말고 그들과 싸우지 말아라. 내가 그 땅을 이미 그들에게 주었음이니라." 그리고 여호와께서는 "너희는 아르논 강을 건너가라. 너희는 그 땅을 치고 점령하여라" 고 하셨습니다. 이스라엘이 아르논 강을 건너가서 치고 점령한 곳은 어느 왕의 땅이었나요?

답: (2:24) ________________________________

문11. 모세는 그데못 광야에서 헤스본 왕 시혼에게 사람을 보내 "어떤 피해도 주지 않고 당신의 땅을 지나서 요단 강을 건너가겠으니 허락해 주십시오." 하고 평화적인 제안을 하였으나 시혼 왕은 허락지 않고 그의 모든 군대를 거느리고 나와서 이스라엘을 대적하여 싸웠습니다. 그래서 그들을 쳐부수고 그 땅을 점령하게 된 것입니다. 그들이 그처럼 완고하고 강퍅하게 이스라엘을 대적한 이유가 무엇이라고 기록되어 있습니까?

답: (2:30) ____________________

문12. 여호와께서 헤스본 왕 시혼과 그 땅을 이스라엘 백성에게 넘기셨으므로 이스라엘은 그의 모든 군대를 다 쳐서 죽였으며 그의 모든 성을 점령하고 남자, 여자, 어른, 아이 가릴 것 없이 모조리 죽였습니다. 그러나 빼앗은 가축과 전리품은 그들이 소유하였습니다. 이스라엘은 아르논 계곡 변두리와 아르엘과 그 계곡 중앙에 있는 성에서부터 길르앗에 이르는 모든 성을 다 점령하였지만, 암몬 사람의 땅과 얍복 강변 일대와 산간지대의 성읍들은 일체 점령하거나 가까이 가지도 않았습니다. 그 이유가 무엇입니까?

답: (2:37) ____________________

신명기 3-4장

문1. 이스라엘이 헤스본 왕 시혼을 격파하고 그 모든 땅을 접수한 후 돌이켜 바산으로 올라가자 바산 왕 옥이 이스라엘과 싸우려고 군대를 이끌고 에드레이로 나왔습니다. 여호와께서 바산 왕 옥과 그의 모든 백성을 이스라엘에 붙이시므로 이스라엘이 그들을 쳐서 한 사람도 남기지 않고 다 죽였습니다. 이스라엘은 바산 왕이 통치하던 성 60개를 모두 정복하고 다 빼앗았고, 모세는 그때 빼앗은 땅 중에서 아르논 강변의 아로엘 북쪽 땅과 길르앗 산간지대의 절반과 그 성읍들을 두 지파에게 주었습니다. 그 땅을 분배 받은 두 지파의 이름을 써 보십시오.

답: (3:12) ① ______________________

② ______________________

문2. 길르앗의 남은 땅과 옥의 나라였던 바산의 모든 땅 곧 아르곱 전 지역은 어느 지파에게 주었습니까?

답: (3:13) ______________________

문3. 모세는 르우벤 지파와 갓 지파와 므낫세 반 지파의 군인들을 무장시키고 다른 지파보다 먼저 요단 강을 건너가서 다른 지파에게 분배할 땅을 점령하도록 명령하였습니다. 이때 그들이 분배 받은 땅으로 언제 돌아와도 좋다고 하였습니까?

답: (3:20) ____________________________________

문4. 모세는 여호와께 "주 여호와여 주께서는 주의 위대하심과 능력을 주의 종에게 보여주시기 시작하셨습니다. 천지간에 무슨 신이 능히 주의 행하신 일 같이 행할 수 있겠습니까? 구하옵나니 나로 요단 저편에 있는 아름다운 땅 과 아름다운 산과 레바논을 보게 하옵소서" 하고 간구하였습니다. 그때 여호와께서 모세에게 말씀하신 세 가지를 분류해서 써 보십시오.

답: (26-28) ① ____________________________________

② ____________________________________

③ ____________________________________

※ 4장을 읽고 몇 절 말씀인지 기록해 보십시오(5~11번).

문5. "여호와께서 바알브올을 좇은 모든 사람을 너희 중에서 진멸하였으되 오직 너희의 하나님 여호와께 붙어 떠나지 않은 너희는 오늘까지 다 생존하였느니라."

답: ____________________________________

문6. "우리 하나님 여호와께서 우리가 그에게 기도할 때마다 우리에게 가까이 하심과 같이 그 신의 가까이 함을 얻은 나라가 어디 있느냐 오늘 내가 여기서 선포하는 이 율법과 같이 그 규례와 법도가 공의로운 큰 나라가 어디 있느냐?"

답: ____________________________________

문7. "네 하나님 여호와는 소멸하는 불이시오 질투하는 하나님이시니라."

답: ______________________________

문8. "네가 거기서 네 하나님 여호와를 구하게 되리니 만일 마음을 다하고 성품을 다하여 그를 구하면 만나리라."

답: ______________________________

문9. "어떤 신이 와서 시험과 이적과 기사와 전쟁과 강한 손과 편 팔과 크게 두려운 일로 한 민족을 다른 민족에게서 인도하여 낸 일이 있느냐 이는 다 너희 하나님 여호와께서 애굽에서 너희를 위하여 너희의 목전에서 행하신 일이라 이것을 네게 나타내심은 여호와는 하나님이시오 그 외에는 다른 신이 없음을 네게 알게 하려 하심이니라."

답: ______________________________

문10. "오늘 내가 네게 명하는 여호와의 규례와 명령을 지키라 너와 네 후손이 복을 받아 네 하나님 여호와께서 네게 주시는 땅에서 한없이 오래 살리라."

답: ______________________________

문11. 모세는 요단 강 동쪽 3개의 성을 따로 떼어 놓아 도피성으로 삼았습니다. 이곳은 과실로 사람을 죽인 자가 안전하게 도피할 수 있도록 하기 위함이었습니다. 다음은 몇 절 말씀입니까? "그 하나는 광야 평원에 있는 베셀이라 르우벤 지파를 위한 것이요 하나는 길르앗 라못이라 갓 지파를 위한 것이요 하나는 바산 골란이라 므낫세 지파를 위한 것이었더라."

답: ______________________________

• 문답으로 기억되는 성경 3회

신명기 5-7장

문1. 신명기 5장 말씀을 1-33절까지 읽고, 어떻게 읽었는지 다음 중 하나에 체크해 주십시오.

답: ① 부분 부분 대충 읽었다. (　　)
　② 주의 깊게 살피며 꼼꼼하게 읽었다. (　　)

문2. 이 말씀은 모세가 38년 전 시내 산에서 받았던 십계명입니다. 이 말씀을 누구에게 어디서 반복한 것입니까?

답: ① 누구에게 : ______________________________
　② 어디서 : ______________________________

문3. "너희 하나님 여호와께서 너희에게 명하신 모든 도를 행하라 그리하면 너희가 삶을 얻고 복을 받아서 너희가 얻는 땅에서 너희의 날이 장구하리라"는 몇 절 말씀입니까?

답: ______________________________

문4. 신명기 6장은 일괄되게 여호와 하나님을 사랑하라고 명령하고 있습니다. 마태복음 22장 36절에 예수님을 시험하려던 한 율법사가 예수님에게 "선생님, 율법 중에 어느 계명이 크나이까?" 하고 물었습니다. 그때 예수님께서는 신명기 6장에 기록된 말씀을 가지고 대답하셨습니다. 그 말씀을 기록해 보십시오.

답: ______________________________

문5. 신명기 6장 16절을 보면 "너희가 맛사에서 시험한 것 같이 너희의 하나님 여호와를 시험하지 말라" 고 하셨는데 맛사는 이스라엘 백성이 광야에 있을 때에 물이 없어 모세를 원망하고 모세와 다투던 곳입니다. 그들이 그곳에서 여호와를 시험하여 말하기를 "여호와께서 우리 중에 계신가, 아닌가" 라고 하였기에 그곳 이름을 맛사라고 하였습니다. 성경에는 맛사라는 말을 다른 말로 표현한 곳이 세 군데(신 33:8; 시 95:8; 출 17:7 참조)나 있습니다. 그 말이 무엇인가요?

답: ______________________________

문6. 여호와께서 이스라엘 백성에게 모든 규례와 명령을 지키라 하심의 가장 깊은 뜻은 무엇인지 두 가지를 써 보십시오.

답: (6:24–25) ① 24절 ______________________________

② 25절 ______________________________

문7. 하나님 여호와께서 이스라엘 백성이 가나안 땅에 들어가서 그들보다 수가 많고 힘이 강한 일곱 족속을 치고 진멸할 때에 하지 말아야 할 것 세 가지와 행할 것 네 가지를 명하셨습니다. 그것은 무엇입니까?

답: (7:2–5)

하지 말 것 세 가지

① ________________________________

② ________________________________

③ ________________________________

행해야 할 네 가지

① ________________________________

② ________________________________

③ ________________________________

④ ________________________________

문8. "너는 알라. 오직 네 하나님 여호와는 하나님이시오. 신실하신 하나님이시라." 그를 사랑하고 그 계명을 지키는 자에게 몇 대까지 그 언약을 이행하시며 인애를 베푸시고, 그를 미워하는 자에게는 언제 보응하시고 멸하신다 하셨는지 써 보십시오.

답: (7:9–10) ① 언약 이행과 인애 : ________________________

② 보응과 멸하심 : ________________________

문9. 7장 20절을 보면 "네 하나님 여호와께서 또 왕벌을 그들 중에 보내어 그들의 남은 자와 너를 피하여 숨은 자를 멸하시리니"라고 나옵니다. 이 말씀에는 '왕벌'이란 말이 세 차례나 사용되고 있습니다(출 23:28; 수 24:12). 왕벌은 사해 바다 주위와 사막을 비롯하여 팔레스타인의 여러 지역과 대륙의 숲이나 덤불 사이에 집을 짓고 있는 곤충으로 이 벌집을 잘못 건들기라도 했을 경우 큰 낭패를 당할 뿐 아니라, 전쟁의 성과에도 큰 영향을 준 것으로 알려져 있습니다. 그래서 이 왕벌은 공포의 대상이 되기도 하였습니다. 왕벌을 그들 중에 보내신다는 말씀은 진짜 왕벌을 그들에게 보내신다는 것일까요, 아니면 그들에게 큰 공포심이 일어나게 해 주신다는 말씀일까요?

답: ______________________

문10. 네 하나님 여호와께서 이 민족들을 멸망시키고 쫓아낼 때 어떻게 쫓아내신다고 하셨나요?

답: (7:22) ______________________

문11. 가나안 땅의 모든 우상을 불태워 버리고 그것에 입힌 은이나 금을 탐내지 말며 손도 대지 말라. 우상은 여호와께서 가증히 여기시는 것이라고 또 우상을 집에 들여 놓지 말라 그것을 철저히 미워하고 멀리하라 하셨습니다. 우상이 신앙인에게 어떤 영향을 준다고 하셨는지 두 가지로 나누어 써 보십시오.

답: (7:25-26) ① ______________________

② ______________________

• 문답으로 기억되는 성경 4회

신명기 8–10장

문1. 하나님 여호와께서 이스라엘 백성으로 40년 동안에 그들로 광야의 길을 걷게 하신 진정한 攝理(섭리)가 무엇이었는지 기억하라고 하셨습니다. 그것을 무엇 때문이라고 하셨습니까?

답: (8:2) ______________________________

문2. 이스라엘 백성으로 낮아지는 사람이 되도록 훈련하시고, 그들을 굶주리게 하시며 그들의 조상과 세상 어느 민족도 먹어보지 못한 만나를 먹이신 하나님 여호와의 뜻을 무엇이라고 하였습니까?

답: (8:3) ______________________________

문3. "이 사십 년 동안에 네 의복이 해어지지 아니하였고 네 발이 부르트지 아니하였느라." 이 사십 년 동안이란 여호와 하나님께서 이스라엘 자손에게 무엇을 하게 하신 날들이었습니까?

답: ______________________________

문4. 여호와 하나님께서 이스라엘 자손을 징계하심은 무엇과 같이 징계하신 것이라고 하셨습니까?

답: (8:5) ______________________________

문5. 여호와 하나님께서 젖과 꿀이 흐르는 아름다운 땅 가나안으로 이스라엘 백성을 인도하셨습니다. 하나님께서 약속하신 가나안 땅은 과연 어떤 땅이었는지, 세 가지로 나누어 써 보십시오.

답: ① (8:7) ______________________________
② (8:8) ______________________________
③ (8:9) ______________________________

문6. 하나님 여호와를 잊어버리지 않도록 하기 위해서는 무엇을, 어떻게 조심해야 합니까?

답: (8:11) ______________________________

문7. 이스라엘 자손들의 마음이 교만하여져서 애굽 땅 종살이하던 곳에서 이끌어 내신 여호와 하나님을 잊어버리기 쉬운 때가 있다고 하셨는데, 언제라고 하셨는지 다섯 가지로 나누어 써 보십시오.

답: (8:12-13) ① ______________________________
② ______________________________
③ ______________________________

④ ____

⑤ ____

문8. 사람이 재물의 풍요로움을 얻었을 때 반드시 기억해야 할 것은 무엇이라고 하셨습니까?

답: (8:18) ____

문9. 이스라엘의 지도자 모세는 "이스라엘의 하나님 여호와께서 장대한 아낙 자손들이 살고 있는 강대한 나라들을 가나안 땅에서 쫓아내시고 그 땅을 너희에게 주었을 때에 너희가 심중에 말하기를 우리의 의로움을 인하여 여호와께서 우리를 이 땅으로 인도하여 들여서 그것을 얻게 하셨다, 하지 말라. 여호와께서 그들을 쫓아내고 그 땅을 너희에게 주신 것은 너희가 의로운 자들이기 때문도 아니요, 너희 마음이 정직함을 인함도 아니라" 고 하였습니다. 하나님께서 그 땅의 족속들을 내쫓고 이스라엘 족속들을 그 땅으로 인도하신 이유를 무엇이라고 하였습니까?

답: ① (9:4) ____
② (9:5) ____

문10. 이스라엘 자손들이 호렙 산에 있을 때에 모세가 여호와께서 그 손가락으로 친히 쓰신 언약의 돌판을 받으려고 산에 올라가 사십 주야 동안 있었습니다. 산에 있으면서 떡도 먹지 않고 물도 마시지 않으면서 있을 때에 이스라엘 자손은 부패하여 우상을 만들고 그것이 자기들을 애굽에서 인도하여낸 신이라 하였습니다. 그때 여호와 하나님께서 심히 분노하사 그들을 멸하고 천하에서 그 이름을 도말하고 모세를 통하여 그들보다 강대한 나라가 되게 하리라고 하셨는데, 그러한 여호와 하나님의 진노를 돌이키기 위하여 모세는 몇 날 며칠을 간구하였나요?

답: (9:25) ______________________

문11. 이스라엘 백성을 멸하시지 말도록 모세가 간구한 기도 내용의 핵심이 무엇이었는지 써 보십시오.

답: (9:27) ______________________

문12. 여호와께서 모세에게 "너는 처음과 같은 두 돌 판을 다듬어 가지고 산으로 올라와 내게 나아오라 네가 깨트린 처음의 돌판에 기록된 말을 내가 다시 그 돌판에 기록하겠다. 너는 상자 하나를 만들어 내가 다시 써주는 두 돌판을 그 상자에 넣도록 하라" 고 하셨습니다. 그래서 모세는 나무 상자 하나를 만들었는데, 그때 모세가 만든 나무 상자는 무슨 나무로 만들었습니까?

답: (10:3) ______________________

문13. 모세는 이스라엘 회중에게 "이스라엘아 네 하나님 여호와께서 네게 요구하시는 것이 무엇이냐?" 고 물은 후 하나님이 요구하시는 것을 말하였는데, 그 내용은 무엇이었습니까?

답: (10:12-13) ______________________

____

____

문14. 모세는 이스라엘 회중에게 선포하기를 "하나님 여호와께서 오직 네 열조를 기뻐하시며 그들을 사랑하셔서 그 후손인 너희를 만민 중에서 택하셨음이 오늘과 같으니라. 하늘과 땅과 그 가운데 모든 것이 다 여호와 하나님이 지으신 창조물이다. 너희의 하나님 여호와는 신의 신이시며 주의 주시오 크고 능하시며 두려우신 하나님이시라. 사람을 외모로 보지 아니하시며 뇌물을 받지 아니하시고 고아와 과부를 위하여 신원하시며, 나그네를 사랑하사 그에게 식물과 의복을 주시는 분이시다" 라고 여기까지 말한 모세는 이스라엘 백성이 사랑해야 할 특별한 사람들을 선포하였습니다. 모세가 특별히 사랑하라고 명한 자들은 누구입니까? 그리고 그들을 사랑해야 할 이유는 무엇 때문이라고 했습니까?

답: (10:19) ① ______________________________

② ______________________________

• 문답으로 기억되는 성경 5회

신명기 11–12장

문1. 10-11절 말씀은 애굽 땅과 가나안 땅의 다른 점을 비교한 말씀입니다. "너희가 종살이 하던 애굽 땅은 파종한 후에 발로 물대기를 채소밭에 댐과 같이 하였다" 고 하였습니다. 애굽 사람들은 나일 강의 물을 끌어다 농사를 지었기 때문에 그곳에서 종살이 하던 이스라엘 자손들의 고생과 수고가 이만저만이 아니었습니다. 그러나 이제 그들이 들어가 분배 받을 땅은 어떤 땅이라 말씀하였습니까?

답: (11:11–12) ① ____________________

② ____________________

문2. 모세는 이스라엘 회중에게 "내가 오늘날 너희에게 명하는 나의 모든 명령을 너희가 만일 청종하고 너희의 하나님 여호와를 사랑하여 마음을 다하고 성품을 다하여 섬기면 여호와께서 너희 땅에 이른 비와 늦은 비를 적당한 때에 내리시리니 너희가 곡식과 포도주와 기름을 풍족하게 얻을 것이며 또 가축들이 먹을 풀도 풍족할 것이라" 는 말씀을 전하였습니다. 그리고 "그러나 너희가 마음이 미혹되어 여호와를 떠나 다른 신들을 섬기면 여호와께서 진노하시어 너희가 멸망할 수도 있다" 고 하였습니다. 여호와께서 저들을 멸망시키는 방법이 무엇이었습니까?

답: (11:17) ____________________

____

문3. 모세는 "내가 오늘날 복과 저주를 너희 앞에 둔다." 하며 요단 강 서쪽에 있는 길갈 맞은편 모레 상수리나무 곁의 아라바에 거하는 가나안 족속의 땅에 있는 두 산에서 축복과 저주를 선포하라 하였습니다. 축복을 선포한 산과 저주를 선포한 산 이름을 써 보십시오.

답: (11:29) ① 축복을 선포한 산 : ______________________

② 저주를 선포한 산 : ______________________

문4. 모세는 이스라엘 백성이 가나안 땅에 들어가서 평생에 지켜 행할 규례와 법도를 말하였습니다. 그 땅에 들어가면 맨 먼저 그 땅 이곳저곳에서 신들을 섬겼던 모든 곳을 다 부셔서 정리하라고 하셨습니다. 우상의 제단을 헐고 주상은 깨뜨리고 아세라 상을 불사르고 그 조각한 신상들을 찍어서 그 이름과 함께 다 멸하라 하셨고, 가나안 땅의 족속들이 우상을 섬기는 방법으로 하나님 여호와를 섬겨서는 안 된다고 말하였습니다. 이스라엘 자손이 하나님 여호와를 섬기는 장소는 지파마다 각각 장소를 정해준다 하셨는지, 모든 지파가 함께 여호와를 섬길 수 있는 한 곳을 택하여 주신다 하셨는지 써 보십시오.

답: (12:5) ______________________

문5. 이스라엘 자손들이 하나님께 드릴 예물 곧, 번제물이나 희생 제물이나 십일조나 서원제 또는 낙헌예물이나 우양의 처음 낳은 모든 것을 어디로 가져다 바쳐야 했습니까?

답: (12:11) ______________________

문6. 아무 곳에서나 번제를 드려서는 안 되며 여호와 하나님께서 명한 곳에서만 번제를 드리되 생축을 잡아먹고자 할 때는 각 성 어디서든지 원하는 대로 자기 생축을 잡아 그 고기를 먹을 수 있었습니다. 부정한 자나 정한 자 누구든지 노루나 사슴을 잡아먹있으나 절대로 먹어서는 안 되는 금지된 것이 있었는데, 그것은 무엇이며 어떻게 처리하라고 하셨습니까?

답: (12:16) ____________________

문7. 12장 16-25절까지 피는 먹지 말라는 말씀이 4번 반복되어 나옵니다. 몇 절 몇 절인지 써 보십시오.

답: (12:27) ① ________ ② ________ ③ ________ ④ ________

문8. 번제를 드릴 때나 희생제를 드릴 때에 고기와 피는 어떻게 하라고 하셨습니까?

답: (12:27) ① 번 제 : ____________________
② 희생제 : ____________________

문9. "그 땅에 들어가서 쫓아낼 민족들의 자취를 밟아 올무에 들지 말라. 저들은 여호와께서 꺼리시며 가증히 여기시는 일을 저들의 신들에게 행하였다" 라고 하였습니다. 여호와께서 꺼리시며 가증히 여기시는 일은 무엇입니까?

답: (12:31) ____________________

• 문답으로 기억되는 성경 6회

신명기 13–14장

문1. "너희 중에 선지자나 꿈꾸는 자가 일어나서 이적과 기사를 네게 보이고, 네가 본래 알지 못하던 다른 신들을 좇아 섬기자 하며 이적과 기사가 그 말대로 이룰지라도, 너희는 그 선지자나 꿈꾸는 자의 말을 듣지 말라" 고 하셨습니다. 그 선지자나 꿈꾸는 자가 보여준 이적과 기사는 하나님 여호와께서 어떤 목적을 위해서 허용된 것이라 하였는데, 그 같은 유혹은 어떤 목적을 위한 것이었나요?

답: (13:3) ______________________________

____

문2. 그 선지자나 꿈꾸는 자는 죽이라고 하셨는데, 그들을 죽이라 하신 이유는 무엇인지 간략하여 써 보십시오.

답: (13:5) ______________________________

____

문3. "네 형제나 네 자녀나 네 사랑하는 아내나 네 가장 친한 친구가 너를 꾀어 이방 민족의 신을 섬기자 유혹하여도 너는 그 말을 듣지 말며 정에 끌리지도 말고 불쌍히 여기거나 감싸지도 말고, 너는 그런 자를 가차 없이 죽이라" 고 하셨습니다. 그런 자를 죽일 때 어떻게 죽이라 하였나요?

답: (13:9-10) ______________________________

문4. "너희가 거주하는 한 성읍에서 어떤 잡류가 일어나서 그 성읍 거민을 유혹하여 다른 신을 섬기자고 유혹하는 일이 있을지도 모른다." 그 일을 자세히 묻고 살펴서 그 유혹에 빠져 다른 신을 섬긴 사실이 밝혀지면 그 성읍 거민들을 어떻게 처리하라고 하셨습니까? 15-17절 말씀을 세 가지로 요약해서 써 보십시오.

답: ① (13:15) ______________________________
② (13:16) ______________________________
③ (13:17) ______________________________

문5. "너희는 하나님 여호와의 자녀다. 그러므로 죽은 자를 애도할 때 이방인처럼 몸을 베거나 눈썹사이 이마 위의 털을 밀지 말라. 너는 너의 하나님 여호와의 성민이라. 여호와께서 지상 만민 중에서 너를 택하여 자기 기업의 백성을 삼으셨느니라" 고 말씀하셨습니다. 하나님께서는 택한 백성 이스라엘이 이방인의 악한 습관이나 행위를 보고 따라 하지 못하도록 엄격히 구별된 삶을 요구하셨습니다. 오늘날 하나님이 택한 백성 이스라엘은 누구에 해당되며, 또 이방인은 누구에 해당할까요?

답: ① 택한 백성 이스라엘 : ______________________________
② 이방인 : ______________________________

문6. 먹을 수 있는 짐승과 먹을 수 없는 짐승을 구분해 주셨습니다. 짐승 중 굽이 갈라져 쪽발도 되고 새김질도 하는 것은 먹을 수 있다고 하셨는데, 그런 짐승의 이름을 써 보십시오.

답: (14:4-5) ______________________________

문7. 굽은 갈라졌으나 새김질을 안 하는 것들, 새김질은 하는데 굽이 갈라지지 않은 것들, 이런 것들은 부정한 것이니 먹지 말라고 하셨습니다. 새김질은 하지만 굽이 갈라지지 않은 것들 세 가지를 써 보십시오.

답: (14:7) ______________________________

문8. 굽은 갈라졌으나 새김질을 못하므로 부정한 것, 한 가지만 써 보십시오.

답: (14:8) ______________________________

문9. 물에 있는 어족 중에 먹을 것과 먹지 못할 것을 구분해 주셨습니다. 먹을 것과 먹지 못할 어류는 무엇으로 구분되었습니까?

답: (14:9-10) ______________________________

문10. 새 종류 중에도 먹을 수 있는 것과 없는 것을 구분해 주셨습니다. 먹을 수 없는 새는 무엇인지 써 보십시오.

답: (14:12-18) ______________________________

____

문11. 이스라엘 자손은 마땅히 매년 토지 소산의 십일조를 드릴 것이며 곡식이나 포도주와 기름, 우양의 처음 난 것들을 하나님 여호와를 경외하는 마음으로 드려야 했습니다. 하나님께 드릴 예물들이 많은데 드리는 예배 장소가 너무 멀어 행로가 어려운 경우에는 그 모든 예물들을 어떻게 바쳐도 된다고 하셨습니까?

답: (14:25) ______________________________

문12. 레위인에 대한 말씀은 무엇이었습니까?

답: (14:27) ______________________________

•문답으로 기억되는 성경 7회

신명기 15–16장

문1. "너희는 7년마다 그해 연말에 너희가 받을 빚을 다 면제해 주어라. 이웃에게나 그 형제에게 돈을 빌려준 사람은 그 빚을 면제해 주고 독촉하지 말지니 그 해는 면제년이라 칭함이니라" 이것은 이스라엘 동족끼리만 해당하는 것입니까? 이방인도 포함하는 것입니까?

답: (15:3) ______________________________

문2. 면제년이라 하는 것은 매 칠 년마다 돌아오는 안식년에 대한 규정으로 이스라엘 자손들이 지킬 율례의 정신입니다. 그 명령을 다 지켜 행하면 여호와께서 이스라엘 자손에게 유업으로 주신다고 한 복은 무엇을 말합니까?

답: (15:5–6) ______________________________

____

문3. 제 칠 년 면제년이 가까웠다고 궁핍한 형제에게 악한 눈을 들고 아무것도 주지 않으면 그것은 곧 무엇이라 하였습니까?

답: (15:9) ______________________________

문4. 같은 히브리인 사이에도 빚을 갚기 위해 종으로 팔리는 경우가 있었습니다. 남자나 여자나 히브리인 동족을 종으로 샀을 경우 몇 년 동안 섬기게 하고 몇 년에 그를 놓아 주어 자유롭게 하라고 했습니까? 또 그를 놓아줄 때에는 어떻게 하라고 했습니까?

답: (15:12–14) ____________________

문5. 소나 양의 처음 난 수컷을 구별하여 여호와 하나님께 드릴 때에 해서는 안 될 것과 바쳐서는 안 될 것이 있었습니다. 그 두 가지를 구분해서 써 보십시오.

답: (15:19–21) ① ____________________

② ____________________

문6. 이스라엘 자손들이 유월절 예식을 행할 때에는 여호와께서 예배 처소를 지정하신 곳에서 모두 함께 드리라고 하셨습니다. 하나님께 바친 소나 양을 잡아 유월절 제물로 먹을 때에 유교병과 함께 먹지 말고 칠일 동안 무교병을 먹으라 하셨어요. 누룩을 넣지 않은 무교병을 무슨 떡이라고 하였습니까?

답: (16:3) ____________________

문7. 육일 동안은 무교병을 먹고 제 칠일에는 어떻게 하라고 하셨습니까?

답: (16:8) ____________________

문8. 칠칠절이란 이름은 그 외에도 여러 가지가 있는데 맥추절(출 23:6) 또는 오순절(행 2:1)이 그것입니다. 칠칠절은 원래 추수감사절과 같은 것으로, 추수하기 시작한 때부터 7주를 계산하여 50일째 되는 날 하나님 앞에 모여 감사의 예물을 드리는 날입니다. 하나님께서 지정해 주신 예배처에서 이스라엘 자손의 모든 자녀와 노비와 성 중에 거하는 레위인과 또 외국인과 고아와 과부가 다 함께 하나님 앞에서 즐거워하는 절기입니다. 칠칠절에 드릴 예물은 누가 드리며, 무엇을 기억하고 규례를 지켜 행하라 하셨습니까?

답: ① (16:10) ____________________

② (16:12) ____________________

문9. "너희는 곡식을 타작하고 포도즙을 짜서 저장한 후에 칠일 동안 초막절을 지키라" 하였습니다. 이 초막절은 이스라엘 자손들이 지키는 세 번째의 절기입니다. 여호와께서 택하신 장소에 나올 때에 빈손으로 오지 말고 하나님 여호와께서 복을 주신 정도에 따라 그 힘대로 예물을 드리라 하셨는데, 힘대로 드리는 예물은 어떻게 드리는 것이며 정해진 예물은 무엇입니까?

답: ① 힘대로 드리는 예물 : ____________________

② 정해진 예물 : ____________________

문10. 하나님 여호와께서 주시는 각 성에 재판장과 유사를 두어 백성을 공의로 재판하라고 하셨는데, 어떻게 하는 것이 공의로 재판하는 것인지 세 가지로 나누어 써 보십시오.

답: (16:19) ① ____________________

② ____________________

③ ____________________

• 문답으로 기억되는 성경 8회

신명기 17–18장

문1. 이스라엘 백성 가운데 우상 숭배의 악을 제거하는 제도는 정말 엄격했습니다. 하나님 여호와 외에 다른 신들을 섬겨 그것에게 절하거나 해나 달이나 별 같은 것에 절하는 자가 있을 시, 그것을 본 자는 그 자를 성문으로 끌어내고 돌로 쳐 죽이라 하였습니다. 그러나 한 명의 증인으로는 죽이지 말라고 하였는데, 몇 명 이상의 증인이 있을 시에 죽이라고 하였습니까?

답: (17:6) ______________________________

문2. 만일 지방 법정에서 해결할 수 없는 어려운 문제, 즉 다투다가 피차 피를 흘리도록 치고받고 싸웠을 경우에는 성소의 레위 제사장과 당시 재판장에게 상소하라 하였습니다. 제사장이나 재판장은 그들의 진술을 듣고 공정하게 판결을 할 것이며 피고나 원고는 그 판결에 승복해야 했습니다. 그러나 피고나 원고가 천자(교만)하여 제사장이나 재판장의 판결에 불복하고 제 마음대로 행할 경우에는 그를 어떻게 처리하라고 하였습니까?

답: (17:12) ______________________________

문3. 이스라엘 백성이 가나안 땅에 들어가 살 때에 주변 나라들처럼 왕을 세우자는 중론이 있을 경우 하나님 여호와께서 택하신 사람으로 왕을 세우라고 하셨습니다. 15절은 왕의 자격에 대한 말씀인데, 16-22절을 통해 왕의 의무가 무엇인지 써 보십시오.

답: (가) (17:15) ① ________________

② ________________

(나) (17:16-20) ① ________________

② ________________

③ ________________

④ ________________

⑤ ________________

문4. 18장 15절을 보면 "네 하나님 여호와께서 너희 중 네 형제 중에서 나와 같은 선지자 하나를 너를 위하여 일으키시리니 너희는 그를 들을지니라" 고 하셨고, 또 18장 18절에서는 "내가 그들의 형제 중에 너와 같은 선지자 하나를 그들을 위하여 일으키고 내 말을 그 입에 두리니 내가 그에게 명하는 것을 그가 무리에게 다 고하리라" 고 하셨습니다. "내가 그들의 형제 중에 너와 같은 선지자 하나를 너를 위하여 일으킨다" 하셨는데 모세가 죽은 후 이스라엘 백성을 인도하는 선지자로 세워진 사람은 누구입니까?

답: (34:9) ________________

문5. 신약성경에서 베드로는 솔로몬 행각에서 사도행전 3장 22-23절에서 신명기 18장 15절 말씀을 인용하였고, 사도행전 7장 37절과 52절 말씀에서 스데반이 공회와 대제사장 앞에서 말할 때에도 이 말씀을 인용하였습니다. 베드로와 스데반이 모세와 같은 선지자로 말한 그 선지자는 누구를 뜻하는 말씀입니까?(요 1:2, 6:14 참조)

답: ____

문6. 하나님 여호와께서 고하라고 명하지 않았는데도 방자히(제멋대로 말하는 것) 하나님의 이름이나 다른 신의 이름으로 말하면, 그 거짓 선지자는 필연적으로 어떻게 된다고 하였습니까?

답: (18:20)____

• 문답으로 기억되는 성경 9회

신명기 19–20장

문1. 이스라엘 자손들이 들어가 살 가나안 땅을 세 구역으로 나누어 각 구역마다 도피성을 하나씩 마련하여 무릇 살인자를 그 성읍으로 도피할 수 있게 하라고 하셨는데, 누구든지 사람을 죽이고 도피성으로 피하면 죽음을 면할 수 있는 건가요?

답: (19:5) ______________________________

문2. 만일 사람이 이웃을 미워하여 숨어서 기다리다가 일어나 쳐서 그 생명을 상하여 죽게 하고 도피성으로 피신하였을 경우에는 어떻게 하라고 하였습니까?

답: (19:12) ______________________________

문3. 어떤 증인이 위증하여 그 형제를 거짓으로 무함한 것이 판명되었을 경우, 거짓 증인은 어떤 벌을 받아야 하였습니까?

답: (19:19) ______________________________

문4. 다시는 두려워서 거짓 증언을 하지 못하도록 거짓 증인에게 행하라 하신 것은 무엇입니까?

답: (19:21) ________________________________

문5. 모세는 이스라엘 백성이 요단 강을 건너 가나안 땅에 들어갈 경우 수없이 많은 전쟁을 치려야 함을 잘 알고 있었습니다. 전쟁을 수행하는 과정에서 제일 무서운 전염병은 두려움입니다. 그래서 모세는 "말과 병거와 군대가 너희보다 많음을 볼지라도 두려워 말라. 애굽 땅에서 그 강한 군대를 물리치고 너를 인도하신 네 하나님 여호와께서 너와 함께 하시느니라" 고 하고는 제사장에게 전투를 독려하는 특별한 임무를 수행하도록 지시하였습니다. 전투가 임박했을 때 제사장이 수행할 임무는 무엇이었습니까?

답: (20:3-4) ________________________________

____

____

문6. 유사들로 하여금 전투에 적합지 않은 자를 집으로 돌려보내고 믿음과 용기와 승리의 확신을 가진 자로 전투에 임하도록 하였습니다. 전투에 적합지 않은 자들은 어떤 자들이었는지, 네 가지 종류의 제목만 써 보십시오.

답: (20:5-8) ① ________________________

② ________________________

③ ________________________

④ ________________________

문7. 유사들로 전투에 적합지 않은 자를 돌려보내라고 한 이유가 무엇인지 두 가지를 써 보십시오.

답: (20:8) ① ______________________________

② ______________________________

문8. "네가 어떤 성읍을 치기 전에 먼저 평화적인 항복 조건을 제시하라. 그 성읍이 평화하기로 화답하고 성문을 열어주면 그 성읍의 거민으로 네게 조공을 바치고 너를 섬기게 할 것이요, 만일 너를 대적하여 싸우려 하거든 너는 그 성읍을 에워쌀 것이며, 네 하나님 여호와께서 그 성읍을 네 손에 붙이면 너는 그 성 안의 남자를 다 죽이고, 오직 여자들과 유아들과 육축과 그 밖의 전리품을 다 너의 소유로 하라. 이것은 네 하나님 여호와께서 네게 주신 것인즉 너는 그것을 누릴 것이니라"는 이 말씀은 어느 땅의 성읍들을 칠 때 이같이 행하라 하신 것입니까?

답: (20:15) ______________________________

문9. "너희 하나님 여호와께서 너희에게 기업으로 주시는 가나안 민족들의 땅에서는 한 사람도 살려 두지 말고 모조리 죽여야 한다"고 하나님 여호와께서 한 사람도 남김없이 진멸하라 하신 가나안 땅 민족들의 이름을 써 보십시오.

답: (20:17) ______________________________

문10. 하나님은 가나안 이외의 민족들과는 평화를 유지하라고 하시면서 왜 가나안 민족들과는 평화도, 타협도 없이 모조리 진멸하라고 하셨습니까?

답: (20:18) ____

문11. 이스라엘이 어떤 성을 점령하려고 오랫동안 포위하고 있을 때 작벌하지 말라고 금지한 수목이 있었습니다. 그것은 어떤 수목이었으며 왜 작벌하지 말라고 하셨습니까?

답: (20:19) ____

신명기 21-22장

문1. 가나안 땅에서 범인을 알 수 없는 피살된 시체가 발견되었을 경우 이스라엘의 장로들과 재판장들이 나가서 시체가 발견된 곳에서 가장 가까운 거리의 성읍 장로들이 멍에를 메지 않은 암송아지 한 마리를 물이 흐르는 골짜기로 끌고 가서 죽여 제물로 드리고 그 송아지 위에서 손을 씻으며 "우리의 손이 피를 흘리지도 않았고 그것을 보지도 못했습니다. 살인죄를 주의 백성에게 책임을 돌리지 마소서"라고 하면 범인을 알 수 없는 살인사건의 죄가 이스라엘에서 제하여 진 것이라 하였습니다. 이 자리에 반드시 동석해야 하는 사람이 있었는데, 그 사람은 누구인가요? 그가 꼭 동석하는 이유는 무엇인가요?

답: (21:5) ______________________________

____

문2. 대적과 싸워 승리하여 그곳에서 생포한 포로 중에 아름다운 여자를 보고 연련하여 아내를 삼고자 한다면 무엇을 행한 후에 아내로 삼으라고 하였습니까?

답: (21:12-13) ______________________________

____

문3. 그 여자를 아내로 삼아 살다가 싫어졌을 경우에는 어떻게 하라고 했습니까?

답: (21:14) ____

문4. "어떤 사람이 두 아내를 두었는데 하나는 사랑하고 하나는 미워했다 하자. 그 두 아내에게 각각 아들이 있었는데 미워하는 자의 소생이 장자여든 사랑하는 자의 아들로 장자를 삼아 미워하는 자의 아들보다 앞세우지 말라 하시고" 그리고 반드시 어떻게 하라 하셨나요?

답: (21:17) ____

____

문5. 만일 어떤 사람에게 완악하고 패역한 아들이 있어 그 아비나 어미의 말을 순종치 아니하고 부모가 징책하여도 듣지 않거든 어떻게 하라고 하였습니까?

답: (21:20-21) ____

____

문6. "어떤 사람이 죽을 죄를 범하므로 그를 죽여 나무 위에 매달 경우 그 시체를 나무 위에 밤새도록 두지 말고 당일에 장사하여 네게 기업으로 주신 땅을 더럽히지 말라" 고 하셨습니다. 시체가 나무에 달려 있으면 왜 가나안 땅이 더럽혀진다고 하였습니까?

답: (21:23) ____

문7. 유대인의 역사 2000년대에 우리 대신 저주를 자원하여 십자가 나무에 매달려 죽으신 자의 이름은 무엇인가요?

답: ______________________________

문8. "여자는 남자의 의복을 입지 말고 남자는 여자의 의복을 입지 말 것이라" 고 하셨는데, 이같이 하는 것을 하나님 여호와께서는 어떻게 보신다고 하셨습니까?

답: (22:5) ______________________________

문9. "네 포도원에 두 종자를 섞어 뿌리지 말라. 너는 나귀와 소를 한 멍에에 매어 밭을 갈지 말라. 너는 양털과 베실로 섞어 짠 것을 입지 말라" 는 9-11절까지의 말씀입니다. 이 세 가지의 말씀을 읽고 이 말씀 속에 하나님의 의도하신 뜻이 무엇이라고 생각하는지 써 보십시오.

답: ______________________________

____

• 문답으로 기억되는 성경 11회

신명기 23–24장

문1. 여호와의 총회란 이스라엘의 신앙 공동체의 회합을 말한 것입니다. 자녀를 생신할 수 없는 자는 여호와의 총회에 참가할 수 없고, 사생자는 십 대까지 여호와의 총회에 들어올 수 없고, 또 암몬 사람과 모압 사람은 영원히 여호와의 총회에 들어 올 수 없다고 하였습니다. 왜 암몬과 모압 사람은 영원히 총회에 들어올 수 없습니까?

답: (23:4) ____

____

문2. 발람이 뇌물을 받고 이스라엘을 저주하려 하였으나, 끝내 이스라엘을 저주하지 못한 이유는 무엇이라고 하셨습니까?

답: (23:5) ____

____

문3. "에돔 사람을 미워하지 말라. 그는 너의 형제니라" 고 하셨는데, 에돔이 왜 이스라엘의 형제가 되는 것입니까?

답: (창 25:30) ____

____

문4. 애굽 사람을 미워하지 말라 하셨는데, 왜 애굽 사람을 미워하지 말라고 하셨습니까?

답: (23:7) ________________________________

문5. 애굽에서 이스라엘 자손을 따라 함께 나온 애굽 사람은 몇 대 후 자손부터 이스라엘 총회에 들어올 수 있다고 하였습니까?

답: (23:8) ________________________________

문6. "너희가 싸움에 출전하여 진을 치고 있을 때 변소를 마련할 것이며 기구 중 작은 삽을 준비하여 땅을 파고 배설물을 덮어 불결한 것이 없게 하고 진 주변을 정결케 하고 거룩히 하라 하시고" 진 주변을 정결케 하고 거룩히 해야 할 이유를 말씀해 주셨는데, 그 이유는 무엇입니까?

답: (23:14) ________________________________

____

____

문7. 창기의 번 돈과 개 같은 자의 소득은 서약하는 일로든지 예물로든지 여호와의 전에 가져오지 말라 하셨는데, 무엇 때문에 그렇게 말씀하셨습니까?

답: (23:18) ________________________________

문8. "네 이웃의 포도원에 들어가 마음대로 포도를 배불리 먹어도 가하다. 네 이웃의 곡식 밭에 들어가 네가 손으로 이삭을 따도 가하니라" 고 하셨지만 허락되지 않은 것이 있었습니다. 그 두 가지는 무엇입니까?

답: (23:24-25) ① ________________________________

② ________________________________

문9. "너희는 맷돌을 담보로 잡아서는 안 된다" 고 하였습니다. 맷돌은 곡식을 갈아서 가루를 만드는 도구로 그 당시 팔레스타인의 성읍과 마을의 필수품이었습니다. 맷돌을 전집(담보물) 하지 말라고 한 이유는 무엇 때문입니까?

답: (24:6) ________________________________

문10. 어떤 자가 이스라엘 사람 곧 동족을 후려다가(납치 또는 유괴 하여서) 그를 노예로 부리거나 판 것이 발견되거든 그 납치범을 어떻게 치리하라고 하였습니까?

답: (24:7) ________________________________

문11. 가난한 이웃에게 무엇을 꾸어줄 때에 채무자의 집에 들어가 함부로 물건을 담보해서는 안 된다고 하셨고, 채주는 밖에 섰고 채무자가 주는 담보물을 받아야 한다고 하셨습니다. 또 채무자의 생명에 직접 영향을 주는 담보물은 잡지 말라고 하셨습니다. 생명에 직접 영향을 주는 담보물은 무엇이라고 하셨습니까?

답: ① ________________________________

② ________________________________

③ ________________________________

문12. 품꾼이나 품삯이라는 용어는 구약뿐 아니라 신약성경에도 여러 번 나옵니다. 품꾼은 가난한 노동자인데 일을 마친 품꾼에게 주는 품삯은 언제 주라고 하셨습니까?

답: (24:15) ______________________________

문13. 나그네나 고아나 과부를 억울하게 하지 말고 가난한 자나 어려움을 당하는 자나 노동자를 학대하지 말라고 하셨는데, 그들을 볼 때마다 생각할 것과 기억할 것이 무엇이라고 하셨습니까?

답: (24:18) ______________________________

____

문14. "추수할 때 미처 거두지 못한 곡식 단이 생각나거든 그것을 가지러 가지 말고 나그네나 고아나 과부를 위해 버려두며 감람나무에서 열매를 다 따지 말고 남겨두어 나그네나 고아나 과부를 위하여 버려두며, 포도원의 포도를 딸 때에도 남은 것을 다시 따지 말고 나그네나 고아나 과부를 위하여 남겨 두어라. 그리하면 네 하나님 여호와께서 네 손으로 하는 범사에 복을 내리시리라" 고 하셨습니다. 이스라엘 자손들에게 행하라 하신 이 말씀은 율법에 속하는 것입니까, 율례에 속하는 것입니까?

답: ______________________________

문15. 24장 19-22절에서 약한 자를 보호하고 배려하라고 하신 하나님 여호와의 명령은 공의에 속하는 것입니까, 성실에 속하는 것입니까?

답: ______________________________

• 문답으로 기억되는 성경 12회

신명기 25-26장

문1. 악인에게 태형이 합당할 경우 재판장이 직접 보는 앞에서 때리게 하라 하였는데, 몇 대 이상은 때리지 말라고 하였습니까?

답: (25:3) ____________________

문2. "곡식 떠는 소의 입에 망을 씌우지 말지니라"의 신명기 말씀은 신약에서 바울이(고전 9:9; 딤전 5:18) 일꾼이 일하고 품삯을 받는 것은 당연하다고 하는 말씀으로 인용하였습니다. 이 말씀은 무엇을 하는 누구에게 해당되는 말씀입니까?

답: ____________________

문3. 25장 5-6절의 말씀은 죽은 형제의 이름이나 기업을 이어주기 위하여 있었던 고대 팔레스타인 지역의 풍습이었습니다. 이 의무를 이행하지 않으려고 하는 자에게는 이스라엘 장로들 앞에서 무엇을 행하라고 하였습니까?

답: (25:9) ____________________

____

문4. 저울과 되는 공정과 정확을 기하기 위한 기구들입니다. 그런데 이것을 속인다면 혼란과 불신이 커질 것입니다. 저울과 되를 속여서 설령 개인적으로 이익을 보았다 해도 그로 인하여 하나님 여호와의 미움을 받고 저주가 임한다면 이스라엘은 망하고 말 것입니다. 그러므로 공정한 되, 공정한 저울추를 둘 것이라 하신 것입니다. 그리하면 어떤 결과를 얻는다고 하셨습니까?

답: (25:15) ____________________

문5. 모세는 이스라엘 백성에게 아말렉이 한 짓을 꼭 잊지 말고 기억하고 있다가 가나안 땅에서 안정을 얻고 강해지면 이들을 천하에서 도말하라 하였습니다. 꼭 기억해야 할 아말렉이 한 짓은 무엇을 말합니까?

답: (25:18) ____________________

____

문6. "너희는 여호와 하나님이 주시는 땅에서 추수한 모든 농작물의 첫 열매를 광주리에 담아 예배처로 가져가서 제사장에게 주면서 이것은 우리 하나님 여호와께서 우리 조상들에게 약속하신 땅에서 얻은 곡식의 첫 열매입니다 하면 제사장은 그것을 받아 여호와의 제단 앞에 놓아야 한다. 그러면 너희는 여호와께 이렇게 아뢰어야 한다. 내 조상은 떠돌아다니며 살던 사람으로서 소수의 사람을 거느리고 애굽에 내려가서 거기서 크고 강하고 번성한 민족이 되었습니다. 애굽 사람이 우리를 학대하며 중역을 시켜 괴롭게 하므로 우리가 여호와께 부르짖었더니 여호와께서 주의 종 모세를 우리에게 보내시어 큰 위엄과 이적과 기사를 애굽에 나타내시고 그곳에서 해방시켜 젖과 꿀이 흐르는 약속의 땅으로 인도하시었나이다. 주께서 우리에게 주신 땅에서 얻은 토지의 소산 중 첫 열매를 가져왔나이다" 하고 하나님 여호와 앞에 경배하고 주께서 주신 복을 인하여 누구와 함께 즐거워하라고 하셨습니까?

답: (26:11) ______________________________

문7. 3년마다 한 번씩 농작물의 십일조를 특별히 거두어 레위인과 고아와 과부 그리고 나그네에게 주어 배불리 먹게 하라고 하셨습니다. 그리고 그것을 실행한 후 명령대로 행한 것을 하나님께 고하고 복을 빌면 여호와께서 무엇인가를 해 주실 것이라고 하셨는데, 그것이 무엇입니까?

답: (26:19) ______________________________

____

신명기 27–28장

문1. 모세는 이스라엘 장로들과 백성에게 내가 너희에게 명하는 모든 것을 지켜야 한다고 말하였습니다. 요단을 건너 가나안 땅에 들어가는 날에 에발 산에 큰 돌들을 세우고 그 위에 석회를 바르라고 한 후에, 그 돌에 무엇을 하라고 하였습니까?

답: (27:8) ________________________________

문2. 또 에발 산에서 돌단을 쌓고 하나님 여호와께 번제와 화목제를 드리고 거기서 먹으며 네 하나님 여호와 앞에서 즐거워하라고 하셨습니다. 그런데 그곳 단은 어떤 돌로 쌓으라고 하셨습니까?

답: (27:5–6) ________________________________

문3. 그 당일에 모세가 백성에게 명하기를 너희가 요단을 건넌 후에 시므온, 레위, 유다, 잇사갈, 요셉, 베냐민은 그리심 산에 서 있으라고 하였습니다. 무엇을 하기 위하여 그곳에 있으라 하였습니까?

답: (27:12) ________________________________

문4. 르우벤, 갓, 아셀, 스불론, 단, 납달리는 에발 산에 서 있으라 하셨습니다. 무엇 때문에 그 산에 서 있으라고 하였습니까?

답: (27:13) ________________________________

문5. 레위 사람은 큰 소리로 말하고 백성은 "아멘" 하고 응답한 것이 15-26절까지 몇 번인가요?

답: ________________________________

문6. "하나님 여호와의 말씀을 삼가 듣고 그 명령을 지켜 행하면 이스라엘 민족을 세계 모든 민족 위에 뛰어나게 하시고 이 모든 복이 네게 임할 것이라" 하시고 율법을 준수할 때 받는 축복이 구체적으로 언급되어 있습니다. 28장 2-14절까지 복이 언급된 절을 모두 써 보십시오.

답: ________________________________

문7. "너로 머리가 되고 꼬리가 되지 않게 하시며 위에만 있고 아래에 있지 않게 하시리니" 이 말씀은 28장 몇 절에 나오는 말씀입니까?

답: ________________________________

문8. 율법을 받은 이스라엘 백성이 하나님의 말씀을 듣고 행하며 다른 신을 따라 섬기지 아니하면 열 가지의 복을 받고 그 복을 다 누릴 것이나 만일 하나님 여호와의 말씀을 순종치 아니하여 모든 명령과 규례를 지켜 행치 아니하면 어떻게 하신다고 하셨습니까?

답: (28:15) ________________________________

문9. 28장 16-19절까지 하나님의 율법을 불순종하는 자에게 임하는 저주를 말씀하셨는데, 그 말씀 가운데 "저주를 받으리라"는 말씀으로 저주를 직접 언급한 말씀이 몇 절에서 몇 절까지 나오는지, 그리고 몇 번 나오는지 써 보십시오.

답: ________________________________

문10. "네가 악을 행하여 하나님 여호와를 잊으므로 네 손으로 하는 모든 일에 저주와 공구와 견책을 내리사 속히 파멸케 하실 것이라"고 하셨는데, 공구의 뜻이 무엇입니까?

답: ________________________________

문11. 여호와께서 내리시는 저주와 재앙의 이름 6가지를 써 보십시오.

답: ①__________ ② __________ ③ __________
④__________ ⑤ __________ ⑥ __________

문12. "네 머리 위의 하늘은 놋이 되고 네 아래의 땅은 철이 될 것이다" 라는 23절은 무슨 말씀입니까?

답: ______________________________

문13. "네가 대적을 치러 한 길로 나가서는 그들 앞에서 일곱 길로 도망할 것이다" 라는 25절 말씀의 반대 말씀은 몇 절에 나옵니까?

답: ______________________________

문14. 여호와께서 치셔서 치료함을 받지 못할 병 4가지를 써 보십시오.

답: ① ________ ② ________ ③ ________ ④ ________

문15. 28절을 보면 "여호와께서 너를 미치게 하고 눈멀게 하고 경심증으로 치시리니" 라고 하셨는데 경심증은 무슨 병입니까?

답: ______________________________

문16. "너와 네가 세울 왕을 너와 네 열조가 알지 못하던 나라로 끌어가시리니 네가 거기서 목석으로 만든 다른 신들을 섬길 것이다"는 말씀은 구약시대 이스라엘 역사에 실제로 성취되었습니다. 이스라엘 왕을 끌어간 나라가 있었는데, 그 나라의 이름을 써 보십시오.

답: ______________________________

문17. "그는 머리가 되고 너는 꼬리가 될 것이다"라는 44절 말씀의 반대되는 말씀은 몇 절에 나옵니까?

답: ______________________________

문18. "네가 주리고 목마르고 헐벗고 모든 것이 핍절 한 중에서 여호와께서 보내사 너를 치게 하실 대적을 섬기게 될 것이니 그가 철 멍에를 네 목에 메워서 필경 너를 멸할 것이라"는 48절 말씀처럼 AD 기원 70년에 로마에게 예루살렘은 함락되었습니다. "철 멍에를 네 목에 메워서" 이 말씀은 철 나라의 권세로 다스린다는 뜻인데, 앗수르 바벨론 헬라 메데파사, 로마 이들 나라 중 철로 비유된 나라는 어느 나라입니까?(단 2:32 참조)

답: ______________________________

문19. 49-57절의 말씀 중 원방에서, 땅 끝에서 독수리의 날음같이 쳐들어온 용모가 흉악한 민족은 어느 나라를 염두에 두고 하신 말씀입니까?(렘 5:15 참조)

답: ______________________________

문20. 하나님 여호와의 진노와 저주를 받은 이스라엘이 대적에게 에워싸이고 맹렬히 쳐서 아무것도 남은 것이 없게 될 때 심지어 무엇을 먹게 된다고 하였습니까?(왕하 6:24-30; 애 4:10 참조)

답: (28:53-57) ______________________________

문21. "여호와께서 너를 땅 이 끝에서 저 끝까지 만민 중에 흩으실 것이라. 또 네 발바닥이 쉴 곳도 얻지 못할 것이고 생명을 확신할 수도 없는 날이 계속되며 애굽에서 구원하여 내신 그 길로 다시 너를 애굽으로 끌어가실 것이라. 거기서 자기 몸을 노비로 팔고 싶어도 살 사람이 없으리라" 고 하셨는데, 이 말씀은 몇 절에서 몇 절까지를 간추린 말씀입니까?

답: ______________________________

• 문답으로 기억되는 성경 14회

신명기 29–30장

문1. 여호와께서 모세에게 명하사 모압 땅에서 이스라엘 백성과 언약의 말씀을 세우셨습니다. 모압 땅에서 이스라엘 백성과 언약을 세우기 40년 전에도 세운 언약이 있었는데, 그 언약은 어디서 맺었습니까?

답: (29:1) ______________________

문2. 모세가 모든 이스라엘 백성을 소집하고 그들에게 "여호와께서 애굽 땅에서 바로와 그의 백성에게 행하신 무서운 재앙과 놀라운 기적을 너희에게 직접 목격케 하셨다. 그러나 아직 너희에게 주지 아니한 것이 있다"고 하셨습니다. 그들이 아직 하나님께 받지 못한 것은 무엇입니까?

답: (29:4) ______________________

문3. 주께서 사십 년 동안 이스라엘을 인도하여 광야를 통행케 하셨을 때 그들의 몸의 옷이 낡지 않게 하셨고 신발이 해어지지 않게 하셨습니다. 또 떡도 먹지 못하고 포도주나 독주를 마시지 못하게 하신 이유가 있다고 하셨습니다. 그 이유가 무엇입니까?

답: (29:6) ______________________

문4. 헤스본 왕 시혼은 느보 산 가까이에 있는 헤스본을 본거지로 삼고 있었습니다. 그는 요단 강과 얍복 강과 강을 경계로 한 지역을 장악하고 있었는데, 이스라엘은 야하스에서 그들을 격파하고 그 땅을 빼앗았습니다. 또 바산 왕 옥은 요단 강 동편에 60개의 성읍들을 통치하는 신장이 장대한 강력한 왕이었는데, 이스라엘은 에드레이 전투에서 그들을 죽이고 그 땅을 점령했습니다. 헤스본 왕 시혼이 다스리던 땅과 바산 왕 옥이 다스리던 그 모든 성읍들을 모세는 어느 지파에게 기업으로 주었습니까?

답: (29:8) ____

문5. 9절 말씀에서 하나님께서는 언약의 말씀을 성실히 지켜 행하라고 하셨습니다. 하나님께서는 이스라엘에게 성실히 약속을 지켜 행하셨으나 이스라엘은 하나님께 불성실하게 행하였습니다. 그러나 이제부터 각오를 새롭게 하고 하나님과 맺은 언약을 성실히 지켜 행하면 모든 일이 어떻게 된다고 하였습니까?

답: (29:9) ____

문6. 하나님 여호와의 언약에 참여한 자는 이스라엘 모든 회중 즉 두령과 지파와 장로들, 유사와 모든 남자, 여자와 유아들, 객과 나무패는 자, 물 긷는 자까지 다 포함하고 있습니다. 이것은 "오늘날 너희를 세워 자기 백성을 삼으시고 자기는 친히 너희의 하나님이 되시려 함이니라" 하시고 "내가 이 언약과 맹세를 여기 서 있는 너희에게만 세우는 것이 아니라" 고 하셨습니다. 그러면 하나님의 백성이 되는 언약은 어떤 자에게까지 세우는 언약을 말합니까?

답: (29:15) ____

문7. 그렇다면 모세를 통해서 이스라엘 모든 회중과 세우신 당시의 언약에는 오늘날 신약시대의 하나님 백성이 된 예수 믿는 신자들도 포함되는 것입니까?

답: (롬 4:23-24 참조) ________________________________

문8. 나무나 돌이나 은과 금으로 만든 이방 민족들이 섬기는 우상을 따라 섬기는 자들 중에는 무슨 뿌리가 생긴다고 하였습니까?

답: (29:18) ________________________________

문9. 이러한 저주의 경고를 듣고도 우상을 섬기고 다른 신들에게 절한다면 여호와께서 이 땅을 향하여 진노하사 옛적에 진노와 분함으로 훼멸하신 어느 도시들과 같이 된 것을 볼 것이라고 하셨는데, 그 도시의 이름은 무엇입니까?

답: (29:23) ________________________________

문10. "오묘한 일은 우리 하나님 여호와께 속하였거니와 나타난 일 곧 계시와 말씀은 우리와 우리 자손들이 영원히 지키라고 주신 것이라" 고 하셨습니다. 하나님께서는 인간에게 모든 것을 다 공개하시는 분이신가요? 아니면 어떤 것은 감추어 두시고 또 어떤 것은 율법이나 선지자를 통하여 드러내시는 것일까요? 여러분의 생각을 써 보십시오.

답: ________________________________

____

문11. 모세는 이스라엘 백성에게 복 받는 길과 저주 받는 길을 분명히 제시한 후 “만일 너희에게 여호와의 저주가 임하여 너희가 주신 땅에서 쫓겨나거든 내가 너희에게 명한 것을 온전히 따라서 마음을 다하고 성품을 다하여 여호와의 말씀을 순종하라. 그리하면 네 하나님께서 마음을 돌이키시고 너를 긍휼히 여기사 흩으신 모든 백성 중에서 너를 모으실 것이다” 한 후 또 어떤 말씀을 하였는지 30장 4-7절까지를 읽고 네 가지로 간략하게 요약해서 써 보십시오.

답: ① ______________________________

② ______________________________

③ ______________________________

④ ______________________________

문12. 모세를 통해서 명하신 하나님의 명령은 사람이 지키기에 어려운 것도 먼 것도 이니며, 하늘에 있는 것도 바다 밖에 있는 것도 아니며, 아주 가까운데 있어서 능히 행할 수 있는 것이라고 하셨습니다. 그 말씀은 어디에 있다고 하셨습니까?

답: (30:14) ______________________________

문13. 사람에게 생명이 되는 복과 사망이 되는 화를 어디에 두었다고 하셨습니까?

답: (30:15) ______________________________

문14. 하나님 여호와를 사랑하고 그 모든 길로 행하며 그 명령과 규례와 법도를 지키면 어떤 복을 받습니까?

답: (30:16) ______________________________

문15. 만일 하나님의 말씀을 듣지 않고 유혹을 받아서 우상에게 절하고 그것을 섬기면 어떤 결과를 얻습니까?

답: (30:18) ______________________________

• 문답으로 기억되는 성경 15회

신명기 31-32장

문1. 모세는 온 이스라엘에게 "나는 일백 이십 세라 더 이상 너희를 인도할 수 없게 되었다. 여호와께서도 너는 이 요단 강을 건너가지 못하리라 하셨다. 이제부터 여호수아가 너희의 새 지도자가 될 것이다. 여호와께서 너희보다 먼저 요단을 건너가셔서 거기 살고 있는 민족들을 멸하시고 너희로 그 땅을 점령토록 하실 것이다" 라고 하며 이스라엘 백성의 마음가짐에 대한 당부를 하였습니다. 어떤 마음을 가지라고 하였습니까?

답: (31:6) ______________________________

____

문2. 모세가 여호수아를 불러 온 이스라엘 목전에서 무엇을 당부했는지 7-8절 말씀을 읽고 10자씩 두 가지로 써 보십시오.

답: (31:7) ① ______________________

(31:8) ② ______________________

문3. 모세는 율법을 써서 누구에게 주었습니까?

답: (31:9) ______________________________

문4. 이 율법을 언제, 누구에게, 어디서 낭독하여 듣고 배우고, 하나님 여호와를 경외하며 이 모든 말씀을 지켜 행하게 하라고 하셨습니까?

답: (31:10-12) ① 언제 : ____________________

② 누구에게 : ____________________

③ 어디서 : ____________________

문5. 모세가 쓴 율법 책을 여호와의 언약궤를 메는 레위 사람에게 주며 그 율법 책을 어디에 두라고 하였습니까?

답: (31:26) ____________________

문6. 모세는 "내가 너희의 패역함과 목이 곧은 것을 아나니 오늘 내가 생존하여 너희와 함께하여도 너희가 여호와를 거역하였거든 하물며 내가 죽은 후의 일이랴. 내가 죽은 후에 너희가 스스로 부패하여 내가 명한 길을 떠나서 여호와의 목전에 악을 행하여 너희의 손으로 하는 일로 하나님을 격노케 하므로 너희가 말세에 재앙을 당하리라" 하고 이스라엘 총회에 무슨 말씀을 끝까지 낭송하여 주었습니까?

답: (31:30) ____________________

문7. 모세는 이스라엘 백성에게 주는 자신의 교훈을 무엇에 비유하고 있습니까?

답: (32:2) ____________________

문8. 4절 말씀은 하나님을 무엇에 비유하였으며, 어떤 분이라 하였는지 다섯 가지로 써 보십시오.

답: (32:4) ① ____________ ② ____________ ③ ____________

④ ____________ ⑤ ____________

문9. "여호와께서 이스라엘을 택하셔서 자기 백성을 삼으시고 강한 민족으로 세워 주셨으나 여호와의 말씀을 버리고 여호와를 향하여 악을 행하니 그들은 하나님의 자녀가 아니요" 라고 한 후에 무엇과 같은 종류라고 하셨습니까?

답: (32:5) ______________________________

문10. 여호와의 분깃은 무엇이며 또 그의 택하신 기업은 무엇이라고 하셨습니까?

답: (32:9) 분깃 : ______________________________

기업 : ______________________________

문11. 여호와께서는 이스라엘(야곱)을 어디서 만나서 그를 호위하시고 보호하시며 자기 눈동자 같이 지키셨다고 하셨습니까?

답: (32:10) ______________________________

문12. 여호와께서는 마치 독수리가 그 보금자리를 어지럽게 하며 그 새끼 위에 너풀거리며 그 날개를 펴서 새끼를 받으며 그 날개 위에 그 새끼를 업는 것 같이 그들을 인도하셨습니다. 그들이 누구입니까?

답: ______________________

문13. "여수룬이 살찌고 발로 찼도다. 네가 살찌매 비대하고 윤택하며 자기를 지으신 하나님을 버리며 자기를 구원하신 반석을 경홀히 여겼도다" 에서 여수룬은 신명기 33장 5, 26절, 이사야 44장 2절에도 기록되어 있습니다. 여수룬은 누구를 지칭한 것입니까? 또 반석은 누구를 가리킨 것입니까?

답: 여수룬 : ______________________

반석(고전 10:4) : ______________________

문14. 이스라엘 백성은 하나님께 제사하지 아니하고 그들의 알지 못하던 신, 근래에 일어난 새 신, 그들의 열조가 두려워하지 않던 것들에게 제사하였다고 하였습니다. 그들이 누구에게 제사한 것이라고 하였습니까?

답: (32:17) ______________________

문15. 여호와께서는 이스라엘이 마귀에게 제사하는 것을 보시고 그들을 미워하시고 격노하셨습니다. 여호와께서 그들에게 대하여 뭐라고 말씀하셨습니까?

답: (32:20) ______________________

문16. 하나님께서 그들을 흩어서 인간에서 그 기억이 끊어지게 하려고 하셨으나 그렇게 하지 않은 이유를 무엇이라고 하셨습니까?

답(32:27) ______________________________

문17. 이스라엘의 행위가 쓰고 독한 열매를 맺는 들포도 같으며 독사의 독으로 만든 독주 같다고 하시고 보수는 내 것이라고 하셨는데, 보수는 무엇을 뜻하는 말씀입니까?

답: (히 10:30) ______________________________

문18. "이제는 나 곧 내가 그인 줄 알라. 나와 함께하는 신이 없도다. 내가 하는 일을 누가 막을 수 있겠는가" 이 말씀에서 누구도 막을 수 없는 하나님의 하시는 일을 무엇이라고 하였습니까?

답: (32:39) ______________________________

문19. 하나님께서 모세에게 어디로 가서 기업으로 주는 가나안 땅을 바라보라 하셨습니까?

답: (32:49) ______________________________

신명기 33-34장

문1. 하나님의 사람 모세가 죽기 전, 이스라엘 자손을 위하여 축복한 말씀 중에 무엇이 야곱의 총회의 기업이라고 하셨습니까?

답: (33:4) ______________________________

문2. 모세는 르우벤 지파에 대하여 축복하기를 "르우벤은 죽지 않고 살아남아 번성하기를 원하노라" 하였습니다. 그리고 바로 이어서 유다 지파에 대하여 "여호와여 유다의 음성을 들으시고 그 백성에게로 인도하시오며 그 손으로 자기를 위하여 싸우게 하시고 주께서 도우사 그로 그 대적을 치게 하시기를 원하나이다"라고 하였습니다. 이스라엘의 열두 지파 중 르우벤과 유다 지파 사이에 한 지파가 빠져 있는데, 레위 지파와 또 어느 지파가 빠졌습니까?

답: ____________________

문3. 레위에 대한 축복 가운데 주의 경건한 자에게는 무엇이 있다고 하였습니까?

답: ____________________

문4. 주께서 레위 자손을 어디에서 시험하시고 그들과 어디에서 다투셨다고 하였습니까?

답: (33:8) ________________________________

문5. 레위 족속은 누구를 외면하면서까지 주의 명령을 순종하고 주의 말씀을 지키기 위함이었다고 하였습니까?

답: (33:9) ________________________________

문6. 주의 법도를 야곱에게, 주의 율법을 이스라엘에게 가르치며 주 앞에 분향하고 온전한 번제를 주의 단 위에 드릴 자가 누구입니까?

답: (33:10) ________________________________

문7. 레위 지파를 대적하여 일어나는 자와 미워하는 자는 어찌하라고 하셨습니까?

답: (33:11) ________________________________

문8. 여호와의 사랑을 입은 자는 그 곁에 안전히 거할 것이라고 하였는데 이는 어느 지파를 말한 것입니까?

답: (33:12) ____________________

문9. "땅의 보물과 거기 충만한 것과 가시떨기 나무 가운데 거하시던 자의 은혜로 인하여 그 형제 중 구별한 자의 정수리에 임할지라. 그는 첫 수송아지 같이 위엄이 있으니 그 뿔이 들소의 뿔 같도다. 이것으로 열방을 받아 땅 끝까지 이르리니 곧 에브라임의 만만이요, 므낫세의 천천이로다" 라는 이 말씀의 축복은 어느 지파에게 한 것입니까?

답: (33:13) ____________________

문10. 스불론에게 "나감을 기뻐하라" 함은 그들이 해상 무역이나 상거를 잘할 것임을 축복하는 것이고, 잇사갈은 "장막에 있음을 즐거워하라" 함은 그들이 농업이나 가내공업에서 성공할 것을 축복하는 것이고, 갓을 광대케 하신다는 것은 그들이 전쟁하여 소유지를 넓힐 것을 축복한 것이라고 할 수 있습니다. 단과 납달리에 대한 축복은 무엇이었습니까?

답: (33:22-23) ① 단 : ____________________

② 납달리 : ____________________

문11. 아셀은 "다자한 복을 받으며 아셀의 문빗장은 철과 놋이 될 것이니 네 사는 날을 따라서 능력이 있을 것이라" 고 하였습니다. 아셀 지파가 금속으로 가득한 땅을 소유하게 될 것이며 철과 놋이 그 형제에게 기쁨이 될 이유는 무엇일까요?

답: ____________________

문12. 모세가 각 지파들을 축복한 후 전 이스라엘에 대하여 말한 곳은 몇 절부터 몇 절까지입니까?

답: ______________________

문13. "이스라엘이여 너는 행복자로다. 여호와의 구원을 너 같이 얻은 백성이 누구뇨" 하셨습니다. 여호와는 이스라엘의 무엇이라고 하였습니까?

답: (33:29) ______________________

문14. "모세가 모압 평지에서 느보 산에 올라 여리고 맞은 편 비스가 산 꼭대기에 이르매 여호와께서 길르앗 온 땅을 단까지 보이시고 또 온 납달리와 에브라임과 므낫세의 땅과 서해까지의 유다 온 땅과 남방과 종려의 성읍 여리고 골짜기 평지를 소알까지 보이시고" 여호와께서는 모세에게 무슨 말씀을 하셨습니까?

답: (34:4) ____

____

문15. 여호와의 종 모세는 여호와의 말씀대로 모압 땅에서 죽었습니다. 모세는 어디에 장사되었습니까?

답: (34:6) ______________________________________

문16. 이스라엘 백성이 가나안 땅을 점령한 후 그들을 헌신적으로 인도한 충성된 하나님의 종 모세를 잊지 않기 위해서 모세의 묘를 찾아 참배했습니까?

답: (34:6) ______________________________________

문17. 모세가 죽을 때 그의 나이는 일백이십 세였습니다. 그때 모세는 나이가 많아 눈이 흐리고 기력이 쇠하였습니까?

답: (34:7) ____

문18. 모세가 모압 땅에서 죽었을 때 모세의 죽음을 애곡하는 기한이 얼마였습니까?

답: (34:8) __________________________

문19. 모세가 눈의 아들 여호수아에게 안수하자 그에게 지혜의 신이 충만하였습니다. 이스라엘 자손들은 모세가 명한대로 여호수아의 말에 순종하였습니다. 여호수아는 모세만큼 출중한 지도자였습니까?

답: (34:10) ____

____

문20. 모세가 애굽 땅에서 바로와 그 신하들 앞에서와 그 온 땅에서 행한 모든 이적과 기사와 모든 큰 권능과 위엄들 또 그가 맡은 모든 일을 감당할 능력들은 처음부터 모세가 갖고 있던 것입니까?

답: (34:12) ____

____

“ 문답으로 기억되는 성경 ”

– 신명기 –

답안

1회 문제 답안 신명기(1-2장)

1. ① 제40년 11월 1일
   ② 요단 강 동쪽 아라바 광야
2. 11일
3. ① 38년 전　② 가데스 바네아
4. "사람을 보내어 먼저 그 땅을 정탐하고 어느 길로 올라갈 것인가 어느 성읍으로 들어가야 할 것을 회보 받은 후 그 땅으로 들어가게 해주시오"라고 하였다.
5. ① 여호와께서 우리를 미워하시는 고로 아모리 족속의 손에 붙여 멸하시려고 우리를 애굽 땅에서 인도하여 내셨도다.
   ② 그 백성은 우리보다 장대하며 그 성읍은 크고 성곽은 하늘에 닿았으며 우리가 거기서 아낙 자손을 보았노라 하니 우리가 어디로 갈꼬.
6. 그들은 하나님 여호와를 믿지 아니하였다.
7. ① 여분네의 아들 갈렙　② 눈의 아들 여호수아
8. 그 산지에 거하는 아모리 족속이 그들에게 마주 나와서 벌떼 같이 쫓아 세일 산에서 쳐서 호르마까지 무찔렀다. 그들은 돌아와서 통곡하였으나 여호와께서 그들의 소리를 듣지 아니하셨고 귀를 기울이지 아니하셨다.
9. 아라바를 지나며 엘랏과 에시온 게벨 곁으로 지나 행하고 돌이켜 모압 광야 길로 진행하였다.
10. 헤스본 왕 아모리 사람 시혼과 그의 땅
11. 여호와께서 이스라엘로 그들을 쳐부수고 그 땅을 점령하게 하시려고 그들을 완고하고 강퍅하게 하셨다.
12. 암몬과 모압은 롯이 딸들을 통하여 낳은 롯의 후손들로, 여호와께서 그 땅을 침범하지 못하도록 금하였기 때문이다.

2회 문제 답안 신명기(3-4장)

1. ① 르우벤 지파 ② 갓 지파
2. 므낫세 반 지파
3. 여호와께서 주신 요단 강 건너 가나안 땅을 완전히 정복하면
4. ① 그것으로 충분하다 이 문제에 대해서 다시는 내게 말하지 말라.
   ② 너는 비스가 산 꼭대기에 올라가서 눈을 들어 동서남북을 잘 살펴보아라. 네가 멀리서 그 땅을 바라볼 수 있을 것이다. 그러나 요단 강을 건너가지는 못할 것이다.
   ③ 너는 여호수아에게 네 임무를 맡기고 그를 담대하게 하며 굳세게 하여라. 그는 이 백성을 거느리고 요단 강을 건너가서 네가 볼 땅을 정복하여 그들에게 나누어 줄 자다.
5. 4장 3-4절
6. 4장 7-8절
7. 24절
8. 29절
9. 34-35절
10. 40절
11. 41-43절

3회 문제 답안 신명기(5-7장)

1.
2. ① 이스라엘 새 세대 사람들에게
   ② 요단 강 동쪽 아라바 광야에서
3. 33절
4. 너는 마음을 다하고 성품을 다하고 힘을 다하여 네 하나님 여호와를 사랑하라

5. 므리바

6. ① 항상 복을 누리게 하기 위하여 ② 의로운 자가 되게 하기 위하여

7. 하지 말 것 세 가지

① 언약하지 말라 ② 불쌍히 여기지 말라 ③ 그들과 혼인하지 말라

행해야 할 네 가지

① 단을 헐며 ② 주상을 깨뜨리며 ③ 아세라 목상을 찍으며 ④ 조각한 우상들을 불사를 것이니라

8. ① 언약 이행과 인애 : 천대까지

② 보응과 멸하심 : 지체하지 않고 당장에

9. 큰 공포심이 일어나게 해주신다는 말씀

10. 조금씩 서서히

11. ① 그것은 올무가 될 수 있다.

② 진멸당할 우상처럼 진멸당할 수 있기 때문이다.

4회 문제 답안 신명기(8-10장)

1. 이는 그들로 낮추시며 그들을 시험하사 그들의 마음이 어떠한지, 그 명령을 지키는지 아니 지키는지 알려 하심이었다.

2. 사람이 떡으로만 사는 것이 아니요 여호와의 입에서 나오는 모든 말씀으로 사는 줄을 그들로 알게 하려 하심이었다.

3. 신앙을 굳게 하고 역경에서 이길 수 있도록 하기 위한 시험과 훈련 기간이었다.

4. 사람이 그 아들을 징계함 같이

5. ① 그곳은 골짜기에든지 산지에든지 시내와 분천과 샘이 흐르고

② 밀과 보리의 소산지요 포도와 무화과와 석류와 감람들의 나무와 꿀의 소산지라

③ 먹고 살 식물의 결핍함이 없고 아무 부족함이 없는 땅이며 그 땅의 돌은 철이요 산에서는 동을 캘 것이라

6. 여호와의 명령과 법도와 규례를 지켜 행할 것을 잊지 말아야 한다.

7. ① 먹어서 배부르고 ② 아름다운 집을 짓고 거하게 되며

③ 소와 양들이 번성하며 ④ 은금이 증식되며

⑤ 재산이 풍부하게 될 때

8. 하나님께서 재물 얻을 능을 주셨기 때문인 것

9. ① 그 땅의 민족들이 악함을 인하여

② 이스라엘의 열조 아브라함과 이삭과 야곱에게 하신 맹세를 이루려 하기 위하여

10. 사십 주야

11. 주의 종 아브라함과 이삭과 야곱을 생각하사 이 백성의 강퍅과 악과 죄를 보지 마옵소서

12. 싯딤나무(아카시아 나무를 조각목이라고도 하였고 싯딤나무라고도 하였다)

13. 네 하나님 여호와를 경외하며 그 모든 도를 행하고 그를 사랑하여 마음을 나하고 성품을 다하여 네 하나님 여호와를 섬기고 내가 오늘날 네 행복을 위하여 네게 전하는 여호와의 명령과 규례를 지킬 것이 아니냐

14. ① 나그네

② 전에 너희도 애굽 땅에서 나그네 되었었음이니라

5회 문제 답안 신명기(11-12장)

1. ① 산과 골짜기가 있어서 하늘에서 내리는 비를 흡수하는 땅이요

② 하나님 여호와께서 보살펴 주시는 땅이라 일 년 내내 하나님 여호와의 눈이 항상 그 위에 있느니라.

2. 하늘을 닫아 비를 내리지 아니하여 땅으로 소산을 내지 않게 하시므로 여호와의 주신 아름다운 땅에서 멸망할 수 있다 하셨다.

3. ① 축복을 선포한 산 : 그리심 산

② 저주를 선포한 산 : 에발 산

4. 한 곳을 택하여 주신다고 하였다.

5. 하나님 여호와께서 예배처로 택하여 주신 곳

6. 오직 그 피는 먹지 말고 물 같이 땅에 쏟으라

7. ① 16절 ② 23절 ③ 24절 ④ 25절

8. ① 번제 : 고기와 피를 여호와의 단에 드릴 것

② 희생제 : 피는 여호와의 단에 붓고 그 고기는 먹을 것

9. 심지어 그 자녀를 불살아 그 신들에게 바친 일

6회 문제 답안 신명기(13-14장)

1. 이는 너희가 마음을 다하고 성품을 다하여 너희 하나님 여호와를 사랑하는 여부를 알려 하사 너희를 시험하심이니라.
2. 하나님 여호와를 배반케 하려 하였으며 여호와의 명하신 도에서 꾀어내려고 말하였기 때문에 이스라엘 백성에서 악을 제하기 위하여 죽이라고 하셨다.
3. 용서 없이 죽이되 유혹 받은 자가 먼저 돌로 치고 후에 뭇 백성이 돌로 쳐 죽이라.
4. ① 그 성읍 거민과 그들의 생축을 칼로 진멸하고

   ② 그 속에서 빼은 모든 물건을 거리에 놓고 성읍과 함께 불살아 영영히 그 성읍이 재건치 못하게 하라.

   ③ 진멸할 물건을 조금도 네 손에 대지 말라.
5. ① 예수 믿는 교회 성도

   ② 예수 믿는 교회 성도 외의 모든 자들
6. 소, 양, 염소, 사슴, 노루, 산(山) 염소, 긴 뿔 사슴, 산양
7. 약대, 토끼, 사반(너구리, 오소리)
8. 돼지
9. 지느러미와 비늘 있는 것은 먹을 수 있으나 없는 것은 먹을 수 없다.
10. 독수리, 솔개, 어응(물수리) 매와 새매, 매 과에 속하는 모든 종류, 까마귀 종류, 타조, 다호마스(올빼미의 일종), 갈매기, 올빼미, 부엉이, 따오기, 당아, 올응(독수리의 일종), 노자(사다새), 대승(왜가리), 학, 황새, 박쥐
11. 그것들을 돈으로 바꾸어 그 돈을 싸서 가지고 여호와의 예배소로 가서 바치라.
12. 레위인은 너희 중에 분깃이나 기업이 없는 자니 그들을 보살피는 데 소홀히 해서는 안 된다고 하셨다.

7회 문제 답안 신명기(15-16장)

1. 이스라엘 동족끼리만 해당된 것이고 이방인은 빚을 갚으라고 독촉할 수 있다.
2. 그들 중에 가난한 자가 없으리라 여러 나라에 꾸어줄지라도 너는 꾸지 아니하겠고 네가 여러 나라를 치리할지라도 치리함을 받지 아니하리라.
3. 쇠를 얻을 것이라.
4. 6년 동안 섬기게 하고 7년이 되는 해에는 놓아 자유롭게 하라. 그를 놓아 자유를 줄 때는 빈손으로 가게 하지 말고 양식과 포도주를 후히 주어 가게 하라.
5. ① 소의 첫 새끼는 일을 시키지 말고 양의 첫 새끼는 털을 깍지 말고
   ② 흠이 있어서 절거나 눈이 멀었거나 다른 곳에 어떤 흠이 있으면 바쳐서는 안 된다.
6. 고난의 떡
7. 여호와 앞에 성회로 모이고 아무 노동도 하지 말라.
8. ① 복을 받은 자가 복을 주신대로 힘을 헤아려 자원하는 예물을 드리라.
   ② 애굽에서 종살이 하던 일을 기억하고 이 규례를 행하라.
9. ① 힘을 헤아려 자원하는 예물 ② 십일조, 십분의 일(첫열매)
10. ① 편파적으로 판단하지 않고
    ② 사람의 외모를 보고 판단하지 않으며
    ③ 뇌물을 받지 않는 것이 공정하고 정직한 재판

8회 문제 답안 신명기(17-18장)

1. 두 사람이나 세 사람의 증거로
2. 그 사람을 죽여 이스라엘 가운데 다시는 그런 일이 없도록 하라.
3. (가) ① 반드시 하나님 여호와의 택하신 사람이여야 한다.
   ② 반드시 이스라엘 사람이어야 하고 타국인이 되어서는 안 된다.

(나) ① 왕은 말을 많이 소유해서는 안 되며 말을 사려고 백성을 애굽으로 보내서도 안 된다.

② 아내를 많이 두어 마음이 미혹되게 해서는 안 된다.

③ 자기를 위하여 금, 은을 쌓아 두어서는 안 된다.

④ 왕은 레위 지파 제사장이 보관하고 있는 율법서를 베껴서 그 사본을 평생 자기 곁에 두고 읽으며 하나님 여호와 경외하기를 배우고 그 율법서의 모든 말과 규례를 지켜 행해야 한다.

⑤ 왕은 백성보다 자기가 위라는 교만한 마음을 가져서는 안 된다.

4. 눈의 아들 여호수아
5. 예수 그리스도
6. 죽임을 당하리라.

9회 문제 답안 신명기(19-20장)

1. 고의나 악의가 없이 순전히 과실로 사람을 죽게 했을 때.
2. 그 본 성읍 장로들이 사람을 보내어 그들을 잡아다가 보수자의 손에 넘겨 죽이도록 하라.
3. 죄 없는 사람이 받을 뻔했던 형벌을 그 거짓 증인이 받아야 했다.
4. 동정을 베풀지 말고 생명은 생명으로, 눈은 눈으로, 이는 이로, 손은 손으로, 발은 발로 갚아 벌하라.
5. "이스라엘은 들으라. 오늘날 너희가 너희의 대적과 싸우려고 나왔으니 두려워 말고 떨지 말고 놀라지 말라. 너희 하나님 여호와는 너희와 함께 싸우시며 대적을 치고 너희를 구원 하시는 자니라"고 말하여 이스라엘 백성이 용기와 승리의 확신을 갖도록 권면하는 것이었다.
6. ① 새집을 짓고 낙성식을 하지 못한 자

   ② 포도원을 만들고 그 과실을 먹지 못한 자

   ③ 여자와 약혼하고 그를 취하지 못한 자

   ④ 전투가 두려워서 마음에 겁을 내는 자
7. ① 그들로 인하여 다른 군사들도 사기가 저하될 우려가 있으므로

   ② 하나님 여호와께서 함께 하시는 전쟁이므로 수효의 많고 적음이 문제가 되지 않기 때문이다.

8. 약속의 땅 가나안에 있는 성이 아니라 그곳에서 멀리 떨어져 있는 성들에 대해서만 이 같이 하라고 한 것이다.
9. 헷 족속, 아모리 족속, 가나안 족속, 브리스 족속, 히위 족속, 여부스 족속
10. 그 민족들이 그 신들에게 행하는 모든 가증한 일을 이스라엘 자손에게 본받게 하여 그들로 여호와께 범죄케 할 것이기 때문이다.
11. 과일나무, 먹을 것이기 때문에

10회 문제 답안 신명기(21-22장)

1. 레위 자손 제사장들, 레위 자손은 하나님의 택하신 자로 여호와의 이름으로 축복하게 하신 자이고 모든 소송과 모든 투쟁이 그들의 말대로 판결되기 때문이다.
2. 집으로 데려가 그녀의 머리를 밀고 손톱을 깎고 옷을 갈아입힌 후 네 집에서 한 달 동안 그 부모를 위하여 애노하게 한 후 그 여자와 결혼할 수 있다.
3. 그 마음대로 가게하고 결코 돈을 받고 팔거나 종으로 취급해서는 안 된다.
4. 그 미움 받는 자의 아들을 장자로 인성하여 지기 소유에서 그에게 두 몫을 줄 것이니 그는 자기 기력의 시작이라 장자의 권리가 그에게 있음이라.
5. 그 성읍 장로들에게 그 자식의 완악하고 패역함을 고발하라. 그 성읍의 모든 사람들이 그를 돌로 쳐 죽여서 그 악한 행실이 이스라엘 가운데 번지지 않게 하라고 하였다.
6. 나무에 달린 자는 하나님께 저주를 받은 것이기 때문입니다.
7. 예수 그리스도
8. 가증히 여기신다. 몹시 미워하신다.
9. 하나님은 혼합된 것 혼돈된 것을 미워하시고 정죄하신다. 순수한 신앙, 하나님의 창조하신 그대로, 순수성이 보존되기를 원하심을 생각하게 하는 말씀이다.

11회 문제 답안 신명기(23-24장)

1. 암몬과 모압은 이스라엘 자손들이 애굽에서 나올 때에 떡과 물로 그들을 길에서 영접하지 아니하고 메소보다미아의 브돌 사람 브올의 아들 발람에게 뇌물을 주어 이스라엘을 저주하게 하려 했기 때문이다.
2. 하나님 여호와께서 이스라엘을 사랑하시므로 발람의 말을 듣지 아니하시고 그 저주를 변하여 복이 되게 하셨기 때문이다.
3. "에서의 별명은 에돔이더라"고 나오는데, 에서와 야곱은 친형제 간이다. 에서는 에돔이 별명이고 야곱은 이스라엘이 별명이다.
4. 이스라엘이 400년간이나 그 땅의 나그네가 되어 그들과 함께 살았기 때문이다.
5. 삼대 후 자손부터
6. 이는 네 하나님 여호와께서 너를 구원하시고 적군을 쳐서 이기게 하시려고 네 진중을 두루 다니시기 때문이다. 너희가 거룩히 하면 너희 가운데서 불결한 것을 보시지 않으시므로 너희를 떠나지 아니하시리라고 하셨다.
7. 여호와 하나님께 가증한 것이기 때문이다.
8. ① 그릇에 담아 가서는 안 된다. ② 낫으로 베어 가서는 안 된다.
9. 그것은 생명을 담보물로 잡는 것과 같기 때문이다.
10. 죽이라고 하였다.
11. ① 맷돌 ② 잠 잘 때 덮고 자는 외투 ③ 매일의 품삯
12. 당일에 일이 끝나는 대로 주고 해진 후까지 끌지 말라.
13. 네가 애굽에서 종살이 하던 과거와 그 노예된 처지에서 하나님 여호와께서 속량하신 것을 기억하고 그들에게 어떻게 행할 것인가를 생각하라.
14. 율례에 속하는 것이다.
15. 공의에 속하는 명령이다.

12회 문제 답안 신명기(25-26장)

1. 40대
2. 복음을 전하는 하나님의 종들
3. 그의 발에서 신을 벗기고 그 얼굴에 침을 뱉으며 그 형제의 집 세우기를 즐겨 아니하는 자의 수치라고 하였다.
4. 네 하나님 여호와께서 네게 주시는 땅에서 네 날이 장구하리라.
5. 그들이 하나님을 두려워하지 않고 이스라엘을 길에서 만나 그들의 피곤함을 틈타서 그들의 뒤에 떨어진 약한 자들을 친 것
6. 레위인과 이스라엘 중에 있는 나그네들
7. 다른 민족보다 뛰어난 민족이 되게 하시고 칭찬과 명예와 영광을 얻게 하시며 약속하신 대로 너로 네 하나님 여호와의 선민이 되게 하시리라.

13회 문제 답안 신명기(27-28장)

1. 이 율법의 모든 말씀을 그 돌들 위해 명백히 기록할지니라.
2. 철기를 대지 않고 다듬지 않은 돌
3. 축복하기 위하여
4. 저주하기 위하여
5. 12번
6. 3, 4, 5, 6, 7, 8, 9, 10, 11, 12, 13절
7. 13절
8. 저주가 임한다.
9. 16-19절까지 6번
10. 몹시 두려워함, 혼돈, 혼란, 당황

11. ① 염병 ② 폐병 ③ 열병 ④ 상한과 학질 ⑤ 한재와 풍재 ⑥ 썩는 재앙

12. 하늘은 놋처럼 굳어지고 땅은 쇠처럼 된다는 말로, 비가 내리지 않아 땅이 바짝 말라붙는다는 말이다.

13. 7절

14. ① 애굽의 종기 ② 치질 ③ 괴혈병 ④ 개창(피부병의 일종)

15. 경심증 : 이유 없이 자주 놀라는 병

16. 바벨론

17. 13절

18. 로마

19. 바벨론

20. 몸에서 나온 태와 자기의 어린 자식

21. 64-68절까지

14회 문제 답안 신명기(29-30장)

1. 호렙 산(시내 산)

2. 깨닫는 마음과 보는 눈과 듣는 귀

3. 주께서 이스라엘의 하나님 여호와이신 줄 알게 하려하심이다.

4. 르우벤과 갓과 므낫세 반 지파에게 주었다.

5. 형통하리라.

6. 당시 이스라엘 모든 백성과 그곳에 함께 있지 아니한 자에게까지

7. 예수 그리스도를 죽은 자 가운데서 살리신 이로 믿는 자는 누구든지 그 언약에 포함된다.

8. 독초와 쑥의 뿌리

9. 소돔, 고모라, 아드마, 스보임

10. 하나님께서는 모든 것을 다 공개하시지 않는다. 어떤 것은 감추어 두시고 또 어떤 것은 율법이나 선지자를 통하여 드러내신다.

11. ① 너희가 하늘 가에 있을지라도 모으시고 이끄실 것이다.

② 네 열조보다 더 번성케 하실 것이다.

③ 마음을 다하고 성품을 다하여 하나님을 사랑하게 하사 너로 생명을 얻게 하실 것이다.

④ 너를 미워하고 핍박하던 자를 저주하겠다.

12. 입과 마음

13. 네 앞에 두었다.

14. 생존하며 번성할 것이며 자신이 살고 있는 땅에서 복을 얻게 된다.

15. 반드시 망하고 살고 있는 땅에서 오래 살지 못할 것이라.

15회 문제 답안 신명기(31–32장)

1. 마음을 강하게 하고 담대히 하라 그들을 두려워 말라 그들 앞에서 떨지 말라 하나님이 너희와 함께 하실 것이며 떠나지도 버리지도 아니하시리라

2. ① 마음 강하고 담대히 하라 ② 두려워 말라 놀라지 말라

3. 여호와의 언약궤를 메는 레위 자손 제사장들과 이스라엘 모든 장로에게 주었다.

4. ① 언제 : 매 칠 년 끝 해 곧 모든 빚을 면제해 주는 해의 초막절에

   ② 누구에게 : 이스라엘 백성의 모든 남녀와 모든 아이들, 성 안에 우거하는 모든 나그네들

   ③ 어디서 : 예배처로 정해진 곳에서

5. 하나님 여호와의 언약궤 곁에 두라고 하였다.

6. 모세의 마지막 노래

7. 비와 이슬

8. 하나님은 반석이시니 ① 완전하고 ② 공평하며 ③ 진실무망하시고

   ④ 공의로우시고 ⑤ 정직하시도다

9. 흠이 있는 사곡한 종류로다.

10. 분깃 : 자기 백성

    기업 : 야곱(이스라엘)

11. 황무지에서, 짐승의 부르짖는 광야에서

12. 이스라엘

13. 여수룬 : 이스라엘(야곱)

반석(고전 10:4) : 그리스도

14. 마귀

15. 내 얼굴을 숨겨 그들에게 보이지 않게 하고 그들의 종말을 보리니, 그들은 심히 패역한 종류와 무신한 백성임이라.

16. 원수가 오해하고 자기들이 하나님의 백성을 멸망시켰다고 할까 염려하여

17. 원수 갚는 것 하나님의 심판을 뜻한 말씀임.

18. 죽이기도 하며 살리기도 하며 상하게도 하며 낫게도 하시는 일.

19. 여리고 맞은편 모압 땅에 있는 아바림 산에 올라 느보 산에 이르러

16회 문제 답안 신명기(33-34장)

1. 모세가 이스라엘 백성에 지키라고 명한 율법

2. 시므온

3. 둠밈과 우림

4. 맛사에서 시험하시고 므리바 물가에서 다투셨다.

5. 자기 부모와 형제와 자녀들

6. 레위

7. 허리를 꺾으사 다시 일어나지 못하게 하옵소서.

8. 베냐민

9. 요셉

10. ① 단 : 바산에서 뛰어나오는 사자 새끼로다 ② 납달리 : 서방과 남방을 얻을지로다

11. 철과 놋은 농기구의 귀중한 재료가 될 뿐 아니라 칼과 창을 생산할 수 있기 때문이다.

12. 33장 26-29절까지

13. 돕는 방패시오 영광의 칼이로다.

14. 이는 내가 아브라함과 이삭과 야곱에게 맹세하여 그 후손에게 주리라 한 땅이라 내가 네 눈으로 보게 하였거니와 너는 그리로 건너가지 못하리라.

15. 벳브올 맞은편 모압 땅에 있는 골짜기
16. 오늘날까지 모세의 묘를 아는 자가 없다.
17. 그 눈이 흐리지 아니하였고 기력이 쇠하지 아니하였다.
18. 삼십일
19. 그 후 이스라엘에 모세와 같은 선지자가 일어나지 못하였나니 모세는 여호와께서 대면하여 아시던 자였다.
20. 하나님께서 그 모든 큰 권능과 위엄을 행하게 하시려고 주신 특별한 은혜에 의한 것이다.

문답으로 기억되는 성경(신명기)

2014년 8월 20일 인쇄
2014년 8월 25일 발행

지은이 | 김백문
발행인 | 이형규
발행처 | 쿰란출판사

주소 | 서울특별시 종로구 이화장길6(이화동)
TEL | 02-745-1007, 745-1301~2, 747-1212, 743-1300
영업부 | 02-747-1004, FAX / 02-745 8490
본사평생전화번호 | 0502-756-1004
홈페이지 | http://www.qumran.co.kr
E-mail | qrbooks@gmail.com
qrbooks@daum.net
한글인터넷주소 | 쿰란, 쿰란출판사

등록 | 제1-670호(1988.2.27)

책임교열 | 최찬미 · 정연숙

값 8,000원

ISBN 978-89-6562-656-5 94230
ISBN 978-89-6562-647-3 (세트)